DON BOSCO
VERLAG

Überall auf der großen weiten Welt
ist Karneval ein Wort,
das allen Narren wohl gefällt.
Karneval ist international,
ob hierzulande, in Rio oder Senegal.
Überall wird gern gesungen und gelacht,
ganz egal, ob im Karneval, Fasching oder Fasenacht.

Cordula Pertler / Eva Reuys

Kinder feiern Fasching, Fastnacht, Karneval

Don Bosco

Feste feiern mit Kindern

Weitere Themen aus der Reihe:
Ostern
Muttertag
Erntedank
Halloween
St. Martin
Nikolaus
Advent / Weihnachten

Hinweis:
In diesem Buch gibt es viele Anregungen zum Herstellen von Schminke. Bitte achten Sie darauf, nur hautverträgliche, ungiftige Farben und Zutaten zu verwenden. Der Verlag übernimmt keine Haftung für Unverträglichkeiten.

Die Deutsche Bibliothek – CIP-Einheitsaufnahme

Ein Titeldatensatz für diese Publikation ist bei Der Deutschen Bibliothek erhältlich.

2. Auflage 2002 / ISBN 3-7698-1271-9

Umschlag und Illustrationen: Margret Russer
Notensatz: Nikolaus Veeser, Schallstadt
Satz: undercover, Augsburg
Druck und Weiterverarbeitung: Druckerei Gebr. Bremberger, München

Gedruckt auf umweltfreundlichem Papier

Inhalt

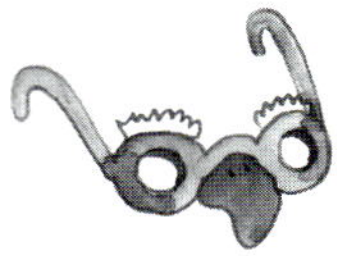

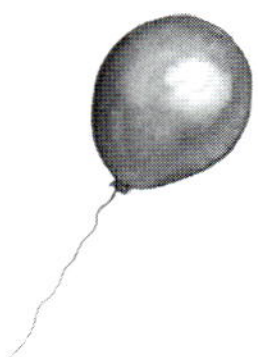

Vorwort

In der Praxis hat es sich bewährt, das Fest unter ein bestimmtes Motto zu stellen. Dekoration, Verkleidung, Masken, Spiele, Lieder, Rezepte orientieren sich am Thema.

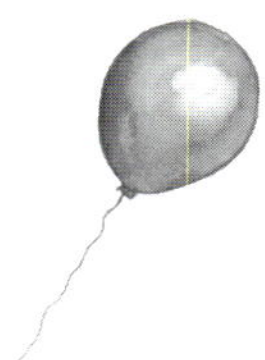

Schön sein wie eine Prinzessin oder hässlich wie ein Monster, wild sein wie ein Cowboy oder doch lieber lustig wie ein Clown? Jedes Jahr aufs Neue stellt sich für Kinder in der Faschingszeit diese Frage. Verkleiden und schminken, in eine andere Rolle schlüpfen, tanzen und spielen, Unsinn treiben und Spaß haben, machen den Zauber eines jeden Faschingsfestes aus und lassen Kinderträume wahr werden. Vielleicht bereitet Ihnen die Vorstellung, einen Kinderfasching auszurichten etwas Unbehagen, da Sie selbst wenig mit der programmierten Fröhlichkeit anfangen können. Am liebsten würden Sie die närrische Zeit aus dem Kalender streichen, wenn da nicht die Kinder wären, die einen Anspruch darauf haben. Die Begeisterung der Kinder wird Sie für alle Mühe entlohnen. Unser Buch will Ihnen praktische Hilfen für die Planung eines Kinderfaschings an die Hand geben. In der Praxis hat es sich bewährt, das Fest unter ein bestimmtes Motto zu stellen. Dekoration, Verkleidung, Masken, Spiele, Lieder, Rezepte orientieren sich am Thema. Besuchen Sie unsere Maskenwerkstatt, den Schminksalon, stöbern Sie nach Herzenslust im Verkleidungsatelier und bedienen Sie sich! Machen Sie Entdeckungen in unseren dekorierten Räumen. Wir bieten Ihnen Raumträume ganz in Weiß, kunterbunt oder exotisch! In der Zirkuswelt werden Sie sehen, dass Gewichtheben kinderleicht ist und Flöhehüten ebenfalls. Klappen Sie unsere Spielekiste auf, gleiten Sie beschwingt auf dem Parkett unseres Musik- und Tanzstudios, – nicht zuletzt laden wir Sie in unser Schlemmerparadies zum genießen ein!

Unsere Tipps und Anregungen für verschiedene Themenfeste eignen sich jedoch nicht nur für die Faschingszeit. Ein Dschungel-, Zirkus-, Farben- oder Wilde-Kerle-Fest kann auch zu jedem beliebigen Zeitpunkt gefeiert werden. Entführen Sie sich und die Ihnen anvertraute Kinderschar in die zauberhafte Welt der Fantasie, in der es Lustiges und Spannendes zu erleben gibt. Helau und viel Spaß an der Freud!

Zur Handhabung

Wir wollen mit unserem Buch vor allem Erzieherinnen und Erzieher mit Kindergruppen von vier bis acht Jahren ansprechen, aber auch Lehrkräfte und Eltern. Neben Informationen zum Ursprung des Festes und seiner Bedeutung für Kinder geben wir Tipps zur Planung und Gestaltung der Faschingszeit und unterschiedlichster Karnevalparties in Kindergruppen.
Die große Auswahl an Aktivitäten orientiert sich am ganzheitlichen spielerischen Gestaltungsansatz. Alle Angebote können als einzelne Bausteine je nach Situation ausgewählt und in beliebiger Reihenfolge zusammengefügt werden. Wir stellen zunächst fünf Themenfeste vor und geben dazu jeweils einen Überblick über Möglichkeiten der Festgestaltung, der Raumdekoration, der Kostümierung usw. In den Bausteinen sind viele dieser Ideen dann konkret in Form von Bastelanleitungen, Rezepten o.Ä. ausgeführt. Alle Begriffe oder Angebote, die mit einem Pfeil (→) gekennzeichnet sind, finden Sie an anderer Stelle im Buch wieder. Damit wollen wir Ihnen, liebe Leserinnen und Leser, die Handhabung erleichtern! Folgende Ideenbausteine erwarten Sie:

- Maskenwerkstatt
- Schminksalon
- Verkleidungsatelier
- Raumgestaltung
- Spielideen
- Musik- und Tanzangebote
- Kochen, Backen

Wir wollen Ihnen aber nicht nur praktische Hilfen geben, sondern auch Lust wecken, mit Kindern die Faschingszeit selbst kreativ zu gestalten.
Als Münchener Autorinnen haben wir fast durchweg den Begriff Fasching verwandt. Alle Jecken, Narren und wer sich sonst noch in der närrischen Zeit tummelt, mögen sich angesprochen fühlen, auch wenn sie selbst die Wörter Karneval oder Fastnacht bevorzugen. Wie auch immer man die „wilden Tage“ nennt, unsere Ideen bringen von der Nordseeküste bis jenseits der Alpen gute Laune für kleine und große Kinder.

Ob Fasching, Fastnacht oder Karneval, die Ideen des Buches bingen gute Laune für Klein und Groß.

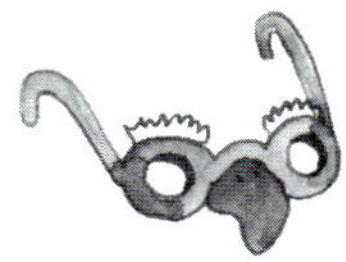

Vorbereitung

Fasching – einst und heute

So vielfältig wie die Bräuche rund um Fastnacht, sind auch die Bezeichnungen: Karneval, Fastnacht, Fasching, Fasenacht, Fasnet. Sämtliche Namen beziehen sich auf die nachfolgende Fastenzeit. „Karneval" bedeutet soviel wie „Fleisch lebe wohl!", „Fastnacht" bezeichnet den Abend davor und das Wort „Fasching" kommt von „Fasten Schank", einem Freitrunk am Ende der Faschingszeit. Grundlegendes Motiv für alle Fastnachtsbräuche dürfte die bevorstehende 40-tägige Fastenzeit vor Ostern sein. Bis ins 14. Jahrhundert wurden von den Patriziern Reiterspiele zur Fastnacht veranstaltet. Begleitet waren diese von Gastmählern, Trunk und Tanz. Lange Zeit bestimmten die Handwerksgilden die Gestaltung der Fastnacht. Sie verspotteten im Schutz der Narrenmasken die Obrigkeit. Die heutigen Büttenreden gehen auf diese Tradition zurück. In der Barockzeit gab es an den Fürstenhöfen prunkvolle Kostümfeste. Berühmt war vor allem der Karneval in Venedig wegen seiner zur Schau gestellten fantasievollen Kostüme. Nicht nur Spiele, Masken, gutes Essen und Trinken charakterisieren die Fastnacht. Es war immer auch eine Zeit der verkehrten Welt. Die Bürger in den Städten bekamen die Schlüssel der Stadt und der „Elferrat" übernahm die Regierungsgeschäfte bis zum Aschermittwoch.

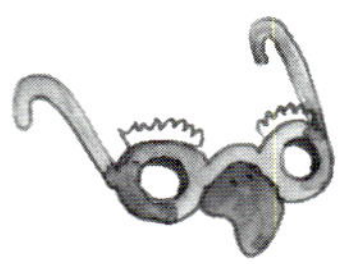

Lange Zeit bestimmten die Handwerksgilden die Gestaltung der Fastnacht. Sie verspotteten im Schutz der Narrenmasken die Obrigkeit.

Egal, ob Karneval oder Fasching, der offizielle Auftakt für die närrische Zeit ist der 11.11. um 11 Uhr 11. An diesem Tag wird das Prinzenpaar, das während der Faschingszeit regiert, der Öffentlichkeit vorgestellt. Dieser Termin hat wohl damit zu tun, dass die Zahl 11 seit Jahrhunderten als Narrenzahl gilt. Der eigentliche Auftakt für die Faschingssaison beginnt erst nach dem Dreikönigsfest am 6. Januar. Die Karnevalsveranstaltungen erreichen ihren Höhepunkt in der Zeit vom unsinnigen oder lumpigen Donnerstag bis Aschermittwoch. Fasching gehört auch zu den Festen, die den Abschied vom Winter und den Beginn des Frühlings feiern. Schon unsere Vorfahren wollten die bösen Wintergeister vertreiben und die Wachstumsgeister wecken. Dazu verkleideten sie sich mit furchterregenden Masken und zogen als vermummte Gestalten mit Rasseln, Trommeln, Hörnern und Peitschen los.

Karneval, Fasching und Fasenet

Trotz verwandter Elemente haben Fasching, Fastnacht und Karneval eigene Traditionen, die von Generation zu Generation weitergegeben werden.

- Im Rheinland spricht man von der fünften Jahreszeit. Die Narren übernehmen das Regiment. In Köln treten statt des üblichen Prinzenpaares sogar drei Präsentanten auf: Prinz, Bauer und Jungfrau. Die „Jungfrau", immer von einem Mann dargestellt, repräsentiert die ehemals reichsfreie, unabhängige Stadt, der Bauer vertritt den dritten Stand und damit die Wehrhaftigkeit der Stadt. Vor allem die prächtigen Umzüge locken Tausende von Menschen auf die Straße. Auf den Karnevalssitzungen sitzen die Gäste maskiert oder festlich gekleidet an langen Tischen und verfolgen das Geschehen auf der Bühne. Neben Gesang und Tanz gibt es Büttenreden, bei denen Prominente aufs Korn genommen werden. Besonders gelungene Darbietungen werden mit einem lauten „Kölle Alaaf", einem Orden und manchmal auch einer „Rakete" belohnt.
- In Süddeutschland pflegen kleinere Städte und Gemeinden noch ihren Faschingsumzug. In einer Großstadt wie München wurde in den siebziger Jahren der Umzug am Faschingssonntag abgeschafft. Statt dessen entschloss man sich rund um den Marienplatz ein buntes Faschingstreiben zu veranstalten. Auf zahlreichen Masken- und Schwarz-Weiß-Bällen tanzen sich die Münchener durch die Faschingssaison. Der Tanz der Marktfrauen auf dem Viktualienmarkt signalisiert das Ende des Faschings.

In jeder Region haben sich eigene Faschingsbräuche ausgeprägt, die aus verschiedenen historischen Wurzeln hervorgegangen sind.

Schwäbisch-Alemannische Fasnet: Diese findet vor allem auf der Straße statt. Es ist ein wilder, ausgelassener und manchmal unheimlicher Spaß. Narren und Hexen sind die Grundfiguren dieses uralten Spiels von der Vertreibung des Winters durch den Frühling. Alle tragen prächtige, fantasievolle Kostüme und Masken, die alt, kostbar, handgenäht und schellenbesetzt sind. Das Wichtigste: Die Narren springen. Narrensprünge heißen auch die Umzüge, in der ca. 400 Narrenzünfte zwischen Neckar, Donau und Bodensee Zehntausende von Narren auf die Beine bringen.

Weiberfastnacht und fetter Donnerstag

Mancherorts wird „Weiberfastnacht" am Donnerstag vor dem langen Faschingswochenende gefeiert. An diesem Tag haben die Frauen ganz offiziell das Sagen. Dieser Tag ist auch Auftakt für den Straßenkarneval. Vor allem im Rheinland wird auf den Straßen und Plätzen ausgiebig gefeiert. Mit Scheren bewaffnet, schneiden Frauen den Männern die Krawatte ab. Auf eigens für Frauen einberufenen Karnevalssitzungen haben Männer nichts zu suchen. Die Weiberfastnacht wird andernorts auch „fetter Donnerstag" genannt. Das geht wohl darauf zurück, dass kurz vor der Fastenzeit nochmals so richtig geschlemmt wurde. Am „schmalzenen Samstag" ist es auch heute noch ein beliebter Brauch, sich zu Kaffee und Schmalzgebackenem einzuladen. Der Rosenmontag hat seine heutige Bedeutung erst seit dem 19. Jahrhundert, als in Köln die Rosenmontagsumzüge eingeführt wurden. Diese stehen jährlich unter einem anderen Motto. Höhepunkt ist der geschmückte Wagen des Karnevalsprinzen, begleitet von seiner Garde. Am letzen Tag der närrischen Zeit, dem Faschings- oder Fastnachtdienstag wird nochmals ausgiebig auf den Straßen und Plätzen gefeiert oder auf einem der zahlreichen Bälle bis zur Mitternachtsstunde getanzt. Um 24 Uhr ist dann das bunte Treiben vorbei und der Aschermittwoch läutet die Fastenzeit ein.

Fasching – Fest der Verwandlung

Schon im alten Venedig galt im Karneval das Motto: „Das tun, was nicht erlaubt ist und so sein, wie man gerne möchte!" Das Volk durfte sich verkleiden, in andere Rollen schlüpfen, sich auf öffentlichen Plätzen versammeln und sich über ihre weltlichen und kirchlichen Herrscher lustig machen.

In andere Rollen zu schlüpfen, jemand Anderer zu sein, schön, liebreizend und edel, oder gefährlich, stark und mächtig, verbunden mit Herumtoben, Krachmachen und lustig sein, ist es, was auch für Kinder den Fasching ausmacht. Nicht nur das, sie beschäftigen sich intensiv mit ihren Wunschbildern und nicht selten wählen sie ein Kostüm, in dem sie sich alle Freiheiten nehmen können. – Und die Erwachsenen stimmen dem zu und helfen bei der Realisierung.

Fasching ist das Fest des Verkleidens – und Verkleidung macht Verwandlung möglich! Auf der Wunschliste der Mädchen steht an erster Stelle: eine Prinzessin zu sein, die schön und edel ist! Das heißt, eine weibliche Rolle einzunehmen, die dem „antiquierten" weiblichen Rollenklischée und vielen weiblichen Rollen in den Märchen entspricht. Emanzipierte Mütter können die Vorstellungen Ihrer Töchter vielleicht nicht gleich akzeptieren, erinnern sich aber bestimmt an ihre eigenen Kindheitswünsche, die oftmals die gleichen waren. Die Mädchen haben eine genaue Vorstellung, wie sie als Prinzessin auszusehen haben und wie sie diese Rolle darstellen wollen. Diese symbolische Rolle eine zeitlang ganz bewusst auszuleben, hilft den Mädchen ihre Weiblichkeit zu entdecken und zu internalisieren.

Bei den Jungen steht an erster Stelle der Wunschliste: Ein Cowboy zu sein, der mächtig, wild und gefährlich ist. Diese Rolle entspricht durchaus immer noch den gesellschaftlichen Vorstellung von Männlichkeit. Die Jungen im Vor- und Grundschulalter suchen nach starken mächtigen Identifikationsbildern, um ihre eigene Männlichkeit entwickeln zu können.

Durch das Beherrschen einer starken Rolle entfalten die Kinder Selbstbewusstsein und Selbstvertrauen. Sie können in einer Maske leichter Fähigkeiten zeigen, die sie sonst im Alltag nicht zu leben wagen. Ein schüchternes Kind wird durch eine Maskierung seine Hemmungen überwinden und somit sein Selbstbewusstsein stärken können. Einem Jungen verhilft vielleicht die Verkleidung als Ritter mit einem prunkvollen Schwert zu hohem Ansehen in der Gruppe. Ein Mädchen steht eventuell mit einem Ballerinakostüm mit endlosen

Emanzipierte Mütter können die Vorstellungen Ihrer Töchter, eine schöne Prinzessin zu sein, vielleicht nur schwer verstehen.

Lagen aus Tüll und den dazupassenden Glitzerschuhen voll im Mittelpunkt und genießt die Aufmerksamkeit und Bewunderung.

- Ausgelassen, wild, schaurig und gefährlich, groß und stark zu sein, ist wiederum für andere Kinder der Grund, sich als Hexe, Zauberer, als Tiger oder anderes wildes Tier zu verkleiden. Endlich dürfen Sie einmal stärker als alle anderen und mächtiger als die Erwachsenen sein und ohne Tadel ihre überschüssige Energie entladen!

Durch das Beherrschen einer starken Rolle entfalten die Kinder Selbstbewusstsein und Selbstvertrauen. Sie können in einer Maske leichter Fähigkeiten zeigen, die sie sonst im Alltag nicht zu leben wagen.

- Bei einem Themenfasching werden die Kinder von den Erzieherinnen gezielt dazu geführt, in andere Figuren hineinzuschlüpfen. Sie erleben, wie sie sich in anderen Rollen fühlen und wie sie in anderen Rollen leben können. Sie erleben Spaß an Veränderungen und nehmen dadurch sich selbst auch bewusster wahr.
- Die Erzieherinnen können den Kindern alles erdenklich Mögliche anbieten, um die Fantasie und Kreativität anzuregen, zu entwickeln und auszuleben. Die Kinder erfahren, wie sie mit wenigen oder ausgefallenen Mitteln viel gestalten, sich und ihre Umgebung verwandeln können. Den Ideen beim Schminken, Verkleiden und Verwandeln der Räumlichkeiten z. B. in einen Dschungel oder in ein weißes Schloss, wie auch beim Verzieren der Leckereien, seien keine Grenzen gesetzt. Bei all diesen Aktionen werden auch die manuellen Fertigkeiten spielerisch entfaltet und bei all den ausgelassenen Spielen und Tänzen können die Kinder ihren Bewegungsdrang ausleben.

- Traditionen und Bräuche aus der näheren Umgebung und auch aus fernen Ländern, können für Kinder durchaus von Interesse sein und zum Motto werden. Zumal die Welt über die Medien nähergerückt ist.

- Spezielle Faschingsthemen fordern eine ganzheitliche Förderung der Kinder geradezu heraus. Viel Wissen wird vermittelt, wenn man nur an die Beispiele „Dschungel", oder „Überall sind Farben", denkt. All die Lieder und Spiele, die ja wesentliche Elemente der Festgestaltung darstellen, fördern die kognitive Entwicklung. Wichtige Erfahrungsmöglichkeiten werden beim Backen und Kochen der originellen Speisen für die Faschingsparty geboten.

Gemeinsame Vorbereitung und Feiern des Festes, gemeinsame Spiele und Aktionen fördern ein Zusammengehörigkeitsgefühl und somit

das soziale Verhalten des Kindes. Die Kinder erleben, dass viele Elemente zu einem Fest gehören und jeder zum Gelingen beitragen kann.
Gegenwärtig sitzen Vorschulkinder bereits mehrere Stunden täglich alleine vor dem Fernseher oder dem Computer. Deshalb ist es besonders wichtig, das aktive Erlebnisvermögen in der Gemeinschaft durch Feste zu fördern. Fasching ist ein Fest des öffentlichen Lebens, der Gemeinschaft. Ein Kind kann sich in seiner Rolle und in seinem Anderssein nur im Gegenüber, in der Gemeinschaft erleben. Die Kindertagesstätte bietet hierzu den idealen Rahmen.

Bei der Vorbereitung und beim Feiern werden Emotionen geweckt. Ausgelassenheit wird in einem sozial vertretbaren Rahmen gelebt. Alle dürfen lustig und wild sein, aber nur so, dass es den Freiraum und das Wohlbefinden jedes einzelnen Kindes nicht einschränkt. Die Kinder erspüren die Grenzen und erlernen den Umgang mit Ausgelassenheit und Frohsinn.

Jedes Kind kann sich bei der gemeinsamen Vorbereitung und beim Feiern individuell einbringen, Originalität ist gefragt, keine Maskierung gleicht einer anderen.
Die Zeit des Fasching ist ein Riesenspaß für die Kinder, sie wird sehr intensiv und bewusst erlebt. Die Erinnerungen an den Fasching in der Kindheit begleiten jeden ein Leben lang. Deshalb: Vergessen Sie bitte das Fotografieren nicht. Jedes Kind sollte mit seinem Kostüm wenigstens einmal zur Erinnerung aufs Bild gebannt sein. Die Fotos dienen zunächst der Dokumentation des Festes in der Einrichtung, später kann jedes Kind sein Bild mit nach Hause nehmen.

Ohne Planung geht es nicht

Bevor Sie sich mit vielen Ideen in die Planung und Organisation der Faschingszeit und des Faschingsfestes stürzen, sollte sich das Team der Kindertagesstätte einig sein, in welcher Form das Fest stattfinden soll und kann. Viele Variationen in der Gestaltung sind möglich. Also ist zu diskutieren, ob man bei der altbewährten Form bleibt oder kleine Abwandlungen nötig sind. Möglicherweise ist es auch an der Zeit, dem Fest einen ganz anderen Rahmen und Verlauf zu geben. Auch ist zu erörtern, ob mit oder ohne Eltern gefeiert wird. Die Konzeption des Hauses bestimmt sicher auch den Rahmen eines Festes mit und in einem „offenen Haus" feiern z. B. alle Kinder der Kindertagesstätte gemeinsam. Das würde auch ein Einbeziehen aller Räumlichkeiten bedeuten. Bei festen Gruppen könnte jede geschlossen für sich feiern wollen. Ebenso gut können Sie sich für eine Kombination aus beiden Formen entscheiden. Dabei könnte ein gemeinsamer Teil in der Eingangshalle oder im Turnraum stattfinden und ein Teil der Faschingsparty in den jeweiligen Gruppenräumen.

Die Frage der Themenwahl ist von großer Bedeutung und ausschlaggebend für das Gelingen des Festes. Es stellt sich die Frage: Legt die Einrichtung Wert auf ein gemeinsames Motto, oder wünscht sich jede Gruppe ein individuelles Thema?

Auf jeden Fall ist es sinnvoll, die Kinder in die Themenwahl mit einzubeziehen, es ist ja ihr Fest! In der Gruppe findet man sicher jede Menge Ideen, die Kindern und Erzieherinnen Spaß machen. Sie finden leicht zu einem geeigneten Thema, wenn Sie den Alltag der Kinder analysieren. Bei Ihren Beobachtungen stellen Sie fest, was die Kinder gerade bewegt und interessiert, welche Bedürfnisse sie derzeit haben. Diese Erkenntnisse können in Form eines Projektes thematisiert werden. Den Höhepunkt des Themas bildet dann die Faschingsparty. So kann es sein, dass die Kinder nach einem Zirkusbesuch tagelang intensiv den Clown nachahmen und Tiger und Elefanten spielen und dann bei dem Vorschlag der Erzieherin, den Fasching unter das Motto „Zirkus Domino" zu stellen, hellauf begeistert sind.

Bei der Themenwahl, der Planung und der Organisation wirken die Kinder mit. Es ist ihr Fest.

Ein Anlass für ein Maskenfest könnte das intensive kreative Verkleidungsspiel der Kinder in der Puppen- oder Rollenspielecke sein. Aus dem Thema „Leben im Regenwald" kann das Karnevalsmotto „Dschungel" erwachsen.

Geeignete Faschingsthemen ergeben sich aus Lieblingsmärchen, Bilderbüchern, Geschichten und aktuellen Kinderfilmen, die die Kinder in den Bann gezogen haben.

Vielleicht ist auch der jeweilige Gruppenname ausschlaggebend für das Faschingsmotto, z. B. feiert die Schmetterlingsgruppe ein Schmetterlings- und Elfenfest oder die Larifarigruppe ein Kasperlfest, die Affenbande eine Dschungelparty und die Regenbogenfische wählen die Unterwasserwelt zu ihrem Thema.

Zeitpunkt

Die Faschingsparty sollte zwischen dem „unsinnigen Donnerstag" bis einschließlich Faschingsdienstag stattfinden. Allein schon die Vorbereitungen machen großen Spaß. Gönnen Sie sich und den Kindern ausreichend Zeit und planen Sie Ihre Faschingsparty als Höhepunkt eines Projektes ein. Auch der Erwachsene, der die Faschingszeit vielleicht nicht so liebt wie die Kinder, wird seine Nischen finden, in denen er sich pädagogisch entfalten und seine Freude am ausgelassenen Feiern haben kann.
Wenn Sie rechtzeitig mit den Vorbereitungen beginnen, bleibt genug Zeit, Hintergrund, Brauchtum und Symbolik von Fasching zu vermitteln.

Verkleidung

Steht die Party unter einem ausgewähltem Motto, ergibt sich daraus der Wunsch nach entsprechender Verkleidung und nach passenden Masken. Viele Kinder haben aber auch ihre genauen Vorstellungen vom Fasching und wissen schon Wochen im voraus, wie sie sich verkleiden wollen. Die Jungen werden wohl kaum zu bewegen sein, auf ihr Cowboykostüm zu verzichten, die Mädchen auch nicht auf ihr Prinzessinnenkleid. Auch die Eltern haben ihre Vorstellungen und Wünsche. Um diese verschiedenen Interessen unter einen Hut zu bringen bietet es sich an, zwei Tage zu feiern. Ein Tag steht unter dem gemeinsam gefundenen Motto, ein weiterer ist frei für die sehnlichst gewünschten Kostüme. Natürlich kann nicht an beiden Tagen die ganz große Faschingssause stattfinden. Das ist auch gar nicht nötig. Das Hauptprogramm findet beim Themenfasching statt. Wenn die Kinder in ihren individuellen Kostümen kommen, können sie sich einander im Morgenkreis vorstellen.
Es gibt immer wieder Kinder, die ohne Verkleidung in die Einrichtung kommen. Damit diese Jungen und Mädchen auch in andere Rollen schlüpfen können und sich zum Fest zugehörig fühlen, ist es wichtig, einen Fundus an Verkleidungsmaterialien zu schaffen. Bitten Sie

Die Vorbereitungen zur Feier machen großen Spaß, wenn die Kinder genügend Zeit haben, sich intensiv darauf einzulassen. Gönnen Sie sich und den Kindern diese Zeit.

schon lange vor Beginn der Faschingszeit die Eltern darum, ausgediente, verkleidungstaugliche Kleidungsstücke mitzubringen. Schaffen Sie schon Wochen vor der Party eine Ecke, in der Hüte, Taschen, Tücher, Kleidungsstücke und Schminkutensilien angeboten werden. Ein Spiegel darf nicht fehlen, vielleicht auch ein Vorhang, damit sich die Kinder ungestört fühlen und sich einer ihrer Lieblingsbeschäftigungen, dem Verkleiden, ausgiebig widmen können.

Ein Fundus an Kleidungsstücken in der Einrichtung schafft auch für die Kinder, die nicht verkleidet kommen, Möglichkeiten sich zu kostümieren.

Eine Verkleidungsecke ist auch sinnvoll, wenn z. B. die Hortkinder nicht schon in ihren geliebten Rollen in die Schule gehen können, sondern sich erst vor dem Fest maskieren. Außerdem könnte ein Nebenraum für die Faschingszeit zur „Verkleidungskammer" im Stil einer Theatergarderobe umfunktioniert werden.

Dekoration und Raumgestaltung

Die Weihnachts- und Winterdekoration muss nun weichen, denn nach und nach werden die Räume für die Faschingszeit geschmückt. Nicht alles auf einmal, langsam wächst die witzige, originelle Dekoration, bis sie dann zur Party den Höhepunkt an Farbenfreudigkeit erreicht hat. Die Gestaltung ist vom gewählten Motto beeinflusst und soll soweit wie möglich mit den Kindern gebastelt werden. So wachsen sie in das Thema hinein und werden in die Faschingszeit eingestimmt. Durch ihr eigenes Schaffen fühlen sie sich mit der Gruppe und mit ihrem Raum verbunden.
Dekoriert wird alles, was möglich ist: Decken, Wände, Fenster, Türen und Tische, bis alle das Gefühle haben z. B. wirklich im Dschungel, oder in einem Zirkus zu sein. Nichts soll an den normalen Raum im Alltag erinnern.
Denken Sie auch an eine Oase der Ruhe, in die sich die Kinder zurückziehen und erholen können. Mit Raumteilern, Moskitonetzen und Vorhängen schaffen Sie separate Bereiche; oder der Nebenraum wird mit Matratzen, Kissen und Entspannungsmusik zu einer „Insel zum Träumen".
Die Planung für die Dekoration muss rechtzeitig erfolgen. Bevor Sie große Materialbestellungen aufgeben, stöbern Sie erst in Ihren Vorräten und bitten Eltern und Kinder darum, das gleiche zu tun. Zahlreiche Ideen, wie Sie die Räume einem gewählten Motto entspre-

chend gestalten können, finden Sie in unseren Bausteinen. Auch wenn Sie sich für ein anderes Motto entscheiden, als wir Ihnen vorstellen, finden Sie dort zahlreiche Ideen, die in leicht abgewandelter Form zu vielen Themen passen.

Aufbau der Party

Bei der Planung einer Faschingsparty ist neben den gemeinsamen ausgelassenen Spielen auch an Ruhephasen für die Kinder zu denken. Das Fest soll nicht von einer Aktion zur anderen jagen. Planen Sie auch Freiräume für die Kinder ein, in denen Sie sich selbst beschäftigen, frei spielen und tanzen können. Überlegen Sie, welches Spiel, welche Aktion den Höhepunkt der Party bilden könnte. Zu welchem Zeitpunkt sind Spiele sinnvoll, bei denen es etwas zum Essen gibt, und wann könnte das Büffet eröffnet werden?

Elterninfos

Über Briefe, Aushänge und Gespräche zwischen Tür und Angel bekommen die Eltern rechtzeitig die wichtigsten Informationen darüber, wann und unter welchem Motto gefeiert wird. Außerdem können die Erzieherinnen auf diesen Wegen auch weitergeben, ob Sie bei den Vorbereitungen die Hilfe der Eltern benötigen. Die Eltern werden sicher gebraucht zum Organisieren von Verkleidungsstücken und Dekorationsmaterial. Manche helfen gern beim Dekorieren der Räume, beim Schneidern von Kostümen oder beim Zubereiten der originellen Partyleckereien. Vielleicht finden sich auch Eltern, die mit Instrumenten für Stimmung sorgen. Ein Ziehharmonikaspieler, der die Polonaise anführt, ein Trompeter, der die Zirkusmanege eröffnet, einen Gitarrenspieler, der die Kinder bei Westernsongs begleitet, bieten ein unvergessliches Erlebnis.

Die Raumgestaltung wird an das gewählte Motto angepasst und von den Kindern selbst vorgenommen.

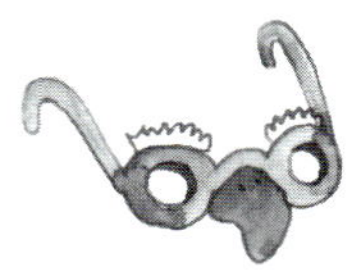

Kinder aus anderen Kulturkreisen

Fasching ist für alle Kinder ein herrliches Fest. Allerdings ist es für Erzieherinnen wichtig, sich mit den Bräuchen und Gewohnheiten anderer Länder und deren Kulturen und Religionen auseinander zu setzen. Manche Eltern möchten nicht, dass ihr Kind an Faschingsveranstaltungen mit Verkleidung teilnimmt. Diesen Wunsch muss man

Am besten erkundigen Sie sich direkt bei den ausländischen Eltern nach Ihren Bräuchen und suchen gemeinsam eine Lösung, die alle Kinder in den Faschingstrubel einbezieht.

selbstverständlich respektieren. Vielleicht lässt sich ja ein Kompromiss finden, z. B. das Kind kommt ohne Verkleidung, aber besonders bunt angezogen zur Feier und darf sich wie alle anderen beim Spielen und Tanzen vergnügen.
Bei türkischen Kindern gibt es in der Regel keine Probleme, da der Kinderfasching viele Parallelen zum türkischen Kinderfest aufweist. Haben Sie Kinder aus traditionellen türkischen Familien in Ihrer Gruppe, ist allerdings Folgendes zu berücksichtigen. Niemand darf sich als Geist, Vampir, Gespenst oder Ähnliches verkleiden. Im Gegensatz zu uns, die wir ja die bösen Mächte mit schaurigen Masken vertreiben wollen, glauben Muslime, sie damit anzulocken. Auch dürfen die Kinder ihr Gesicht nicht voll ausschminken. Clowns, Indianer, Tigermasken o.Ä. sind tabu.
Am besten erkundigen Sie sich direkt bei den Eltern nach ihren Bräuchen und suchen gemeinsam eine Lösung, wie Sie alle Kinder in die Faschingsvorbereitungen und den Faschingstrubel integrieren können. Klären Sie die ganze Kindergruppe auf, erzählen Sie von Gewohnheiten und Bräuchen der ausländischen Kinder, laden Sie auch deren Eltern dazu ein, das wird sicher ein interessanter Beitrag zum Thema Fasching.

Zur Einstimmung

Vorfreude ist die schönste Freude! Die Kinder sind schon tagelang in freudiger Erwartung auf das Faschingsfest. Sie sind an allen Vorbereitungen beteiligt und voll eingestimmt.
Damit keine Unsicherheiten aufkommen, werden die Kinder kurz vorher über den genauen Ablauf der Party informiert. Sie erfahren die Möglichkeiten, die ihnen die einzelnen Räumlichkeiten bieten, falls das ganze Haus miteinbezogen ist. Eine Hilfe sind Symbolkarten oder Plakate, die an den jeweiligen Zimmertüren verraten, was da und dort erlebt werden kann. Diese Plakate können mit den Kindern hergestellt und müssen in jedem Fall schon vor der Party besprochen werden.

Kostümfeste

Im Dschungel

Wilde und gefährliche Tiere, exotische Pflanzen, außergewöhnliche Geräusche und Gerüche üben eine große Faszination auf Kinder aus. Das „Dschungelbuch" von Rudyard Kipling zählt heute zu den Klassikern der Kinderliteratur und ist weltbekannt. Zeichentrickfilme, Kindertheater, Bilderbücher und Liedtexte erzählen lustige und spannende Dschungelgeschichten und finden ein begeistertes Publikum. So dürfte es ein Leichtes sein, Kinder für ein Dschungelfest zu motivieren. Vielleicht ist das Fest auch der krönende Abschluss eines Projektes über den tropischen Regenwald. Auf Exkursionen in den Zoo oder den Botanischen Garten erfahren die Kinder über die Tier- oder Pflanzenwelt nicht nur Wissenswertes, sondern sie erleben die Wunderwelt des Dschungels hautnah und mit allen Sinnen. In Spielen und Aktionen verarbeiten die Kinder ihre Eindrücke und erweitern so ihr Wissen. Mit großem Eifer und viel Fantasie wird der Dschungel im Gruppenraum oder Klassenzimmer nachgestaltet. Im Spiel schlüpfen die Kinder in die Rolle der Eingeborenen oder sie gefallen sich als gefährliche Raubkatze oder als lustiger Affe. Der Wunsch, sich zu verkleiden, zu schminken, zu spielen und zu tanzen, kurzum gemeinsam ein Fest zu feiern, ist geboren.

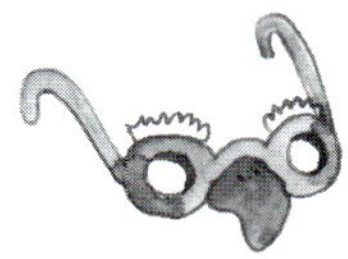

Auf Exkursionen in den Zoo oder den Botanischen Garten erleben Kinder die Wunderwelt des Dschungels hautnah und mit allen Sinnen.

Ideen für ein Dschungelfest

Verwandeln Sie Ihren Gruppenraum in einen abenteuerlichen Dschungel mit tropischen Pflanzen, exotischen Tieren, einem Urwaldfluss und Eingeborenenhütten. Eine Mitmachgeschichte (→ S. 61) lädt die Kinder zur "Dschungelexpedition" ein und bringt alle in Bewegung. Ruhige und lebhafte Spiele folgen im Wechsel. Mit selbstgebastelten Lärminstrumenten (→S. 73 f.) wird ordentlich Krach gemacht. Buschtrommeln (→ S. 74) begleiten wirkungsvoll einen von den Kindern

erfundenen Eingeborenentanz oder ein Lied. Ebenso können Lieder aus dem „Dschungelbuch", die auf Musikkassette erhältlich sind, für einen Tanz eingesetzt werden. Vielleicht verzaubert alle ein Farbdia-Tanz (→ S. 77) Nach so viel Aktion sind sicher alle hungrig. Wie im Urwald üblich, wird mit den Händen gegessen. Für das Picknick wird auf dem Boden ein großes Tuch ausgebreitet. Es dient als Unterlage für all die Köstlichkeiten. Vor allem dürfen exotische Früchte nicht fehlen, die in mundgerechten Happen angeboten werden. Herzhafte und süße Speisen ergänzen sich. Das Picknick muss nicht vollständig vorbereitet sein. Einiges kann auch von den Kindern erst organisiert werden. So fangen sie das Gurkenkrokodil (→ S. 79) ein, das kurz zuvor in den Fluss gelegt wurde, pflücken die Bananen von der Palme oder besorgen die Früchtespieße, welche die Blumentöpfe vor der Eingeborenenhütte zieren. Auch Süßigkeiten können im dichten Dschungel versteckt werden. Das gemeinsame Suchen sorgt sicher für einen Riesenspaß. Zum Ausklang des Festes eignet sich ein kleines Kasperlspiel oder ein Lied, das nochmals von den selbstgebastelten Instrumenten begleitet wird.

Materialien für die Gestaltung einer Dschungelwelt

Grüne Gartennetze vom Baumarkt oder Gartencenter, Bast, Schnur. Verschiedene Papiersorten: Wellpappe, Regenbogen-, Seiden-, Bunt- und Krepppapier, große Kartons oder Wellpappe für die Eingeborenenhütten. Strohmatten, ausgediente, eingefärbte Bettlaken, Körbe, Kieselsteine, Sand, Muscheln, blaue Tücher, durchsichtige Folie, Stofftiere, jede Menge Grünpflanzen.

Kostümbeispiele

Im Dschungel gibt es Eingeborene, Tarzan, Jane, Raubkatzen, Käfer, Schmetterlinge, Spinnen, Blumen.

Die Eingeborenen tragen bunte Hüfttücher oder Baströckchen, Stoffe mit Tigerdruck, Blumenkränze und -ketten. Armbänder und Ketten aus Perlen, Muscheln, Federn. Käfer und Schmetterlinge fallen durch ihre bunt gestalteten Flügel (→ S. 53) auf und tragen einen Haarreif mit Fühlern aus Pfeifenputzern. Die Spinnen tragen „schwarz", haben Plastikspinnen auf dem Shirt und zieren ihr Gesicht mit einem riesigen Spinnennetz. Blumenkinder setzen sich Kränze aus Papierblumen oder eine einzelne Blüte auf das Haupt und schmücken ihren Hals mit einer Blätterkrause. Die Raubkatzen tragen Leggins und Shirts im Raubtierdruck und Haarreifen mit daran befestigten Ohren (→ S. 53 f.). Das Gesicht als Raubkatze geschminkt oder auch eine Maske lässt sie gefährlich erscheinen.

Raumgestaltung

Von Tag zu Tag, von Woche zu Woche wird aus dem Gruppenraum oder Klassenzimmer langsam ein Dschungel. Beginnen Sie mit dem Anbringen eines Gartennetzes, das zugleich als Dach und als Gerüst für alle möglichen Tiere und Pflanzen dient. Das Gartennetz wird mit Reißzwecken so befestigt, dass ein lockerer Baldachin entsteht. Dieser ist Gerüst für Lianen aus Krepppapier, Papierblumen (→ S. 57), Riesenschlangen, Vogelspinnen, bunte Vögel, Schmetterlinge aus Regenbogenpapier und Stofftiere, vor allem Affen, aus dem Fundus der Kinder. Wände und störende Möbel verkleiden Sie am besten mit eingefärbten oder von den Kindern bemalten Bettlaken, oder Papierbahnen. Beziehen Sie auch Türen und Fenster in die Gestaltung mit ein. Vom Türrahmen hängen Lianen und alle möglichen Käfer oder Schmetterlinge haben hier Platz genommen. Die Fensterscheiben schmücken von den Kindern gemalte Dschungelmotive. Eine Bananenstaude (→ S. 57) mit echten Bananen daran, ist sicher eine Attraktion. Eingeborenenhütten aus großen Kartons oder Wellpappe mit Strohdach bieten einen willkommene Gelegenheit zum Ausruhen. Ein Urwaldfluss oder der bis an den Dschungel reichende Meeresstrand kann mit Hilfe von blauen Tüchern, durchsichtiger Folie oder blauen Müllsäcken, Steinen, Sand, Muscheln gestaltet werden. Echte Grünpflanzen aller Art, ausgeliehen von Eltern und Erzieherinnen, geben dem Dschungel den letzten Schliff!

Schmücken Sie den Raum mit Papierblumen, Riesenschlangen, Vogelspinnen, bunten Vögeln, Schmetterlingen und Stofftieren, vor allem Affen!

Zirkus Domino

Der Zirkus ist für Kinder eine zauberhafte Welt voller Geheimnisse, Abenteuer und jeder Menge Spaß. Beim Besuch einer Vorstellung können Kinder ganz im Geschehen versinken. Mit leuchtenden Augen verfolgen sie die atemberaubenden Kunststücke der Artisten, die gefährliche Arbeit des Dompteurs oder die Späße des dummen August. Noch Tage danach erzählen Kinder begeistert von ihren Zirkuserlebnissen. Da liegt es nahe, gemeinsam mit den Kindern ein Zirkusfest zu planen. Dieses Thema lässt viel Freiraum für alle möglichen Einfälle und Aktivitäten. Je nach Interesse und Talent können die verschiedensten Rollen gewählt werden: Als Clown verkleidet kann man lustige Streiche aushecken, als Raubkatze brüllen und aggressiv sein, als Zauberer das Publikum in Erstaunen versetzen. Körperliche Geschicklichkeit, Ausdrucksfähigkeit, eine Rolle glaubwürdig gestalten, Mut, sich vor einem Publikum zu präsentieren, sind nur einige der Fähigkeiten, die von Kindern spielerisch eingeübt werden. Neben den Artisten zählt eine ganze Reihe von Personen zu den wichtigen Mitgestaltern einer Zirkusvorstellung. So braucht man auch Dekorateure, Kassierer, Platzanweiser, Kuchenverkäufer und vor allem einen Zirkusdirektor. Kaum ein anderes Fest hält eine solche Vielfalt an Rollen bereit. Planen Sie ausreichend Zeit ein, damit in Ruhe Tricks und Zirkusnummern eingeübt und eine Zirkuswelt gestaltet werden kann. Vor der Galavorstellung erfolgt die Generalprobe. Nicht Perfektion, sondern Spielfreude ist Trumpf. Fehler und Ausrutscher dürfen passieren, denn gerade die Unvollkommenheit macht den Reiz eines Kinderzirkus aus. Trotzdem kann mit den Kindern geübt werden, wie sie solchen Ausrutschern, z. B. durch das Einfügen einer Verbeugung, durch Abbruch und Neubeginn, begegnen können.

Ideen für ein Zirkusfest

Ein großes, lustig gestaltetes Plakat lädt zum Kinderzirkus Domino ein. Der Raum wird in ein Zirkuszelt verwandelt. Im Vorraum ist die Kasse untergebracht. Hier erhalten die Gäste ihre Eintrittskarte und einen Programmzettel. Vielleicht vermittelt auch ein auf dem Handrücken angebrachter Stempel oder ein mit Schminke gemaltes Symbol im Gesicht die Zugehörigkeit zum Zirkusfest. Während Musik vom Band läuft, übernehmen Erwachsene oder ältere Kinder die Rolle des Platzanweisers. Haben alle Platz genommen, eröffnet die Zirkusmusik (→ S. 70) die Galavorstellung. „Hereinspaziert, hereinspaziert in unser Zirkuszelt" – Die Musik ist auch das Signal für den Zirkusdirektor, die Manege zu betreten. Er stimmt in das Lied ein und verkündet mit lauter Stimme: „Hochverehrtes Publikum, ich begrüße Sie auf das Herzlichste im Kinderzirkus Domino. Sie werden in den nächsten Stunden die herrlichsten und gefährlichsten Attraktionen der Welt sehen. Als erstes …" – Plötzlich stürmen zwei Clowns, ausgestattet mit einem Riesenmikrofon, in die Manege. Sie versuchen den nächsten Programmpunkt anzusagen, werden aber von anderen Clowns mit Wasserpistolen bespritzt und verjagt. Endlich kann der Zirkusdirektor mit seiner Ansage fortfahren: „Als erstes, mein verehrtes Publikum, darf ich Ihnen Donna Esmeralda, die Frau ohne Nerven, mit ihrer Löwentruppe ansagen!" Nach einem Tusch der Musikkapelle erfolgt der Auftritt (→ S. 64). Nach der Vorführung bedankt sich Donna Esmeralda mit einer Verbeugung vor dem Publikum. Der Direktor verabschiedet sie und kündigt neue Attraktionen an. Es folgt ein ausgewogener Wechsel zwischen Nervenkitzel und ruhigen Nummern, Tiernummern und Akrobatik, lauten und leisen Attraktionen (→ S. 63 ff.).
Eine der Zirkusnummern bildet den absoluten Höhepunkt der Vorstellung und wird vom Direktor wort- und gestenreich angekündigt. Notwendige Pausen füllen die Clowns mit ihren Späßen. Untermalt von klassischer Musik blasen Clowns zum Ausklang der Vorstellung Seifenblasen in die Zuschauerreihen. Zum großen Finale ziehen nochmals alle Mitwirkenden in die Manege und verabschieden sich vom Publikum.

Hochverehrtes Publikum, ich begrüße Sie auf das Herzlichste im Kinderzirkus Domino. Sie werden in den nächsten Stunden die herrlichsten und gefährlichsten Attraktionen der Welt sehen.

Materialsammlung
Schon Wochen vor der Zirkusgala muss eine umfangreiche Materialsammlung gestartet werden. Auch hier geht es nicht ohne die Mithilfe der Eltern. Zahlreiche Materialien, Requisiten und Kleidungsstücke werden gebraucht.

Materialien für die Gestaltung des Zirkuszeltes
Papiersorten wie Krepp-, Ton-, Bunt-, Gold- und Seidenpapier. Alufolie, Kordeln, Schnüre, Luftballons, Luftschlangen, Getränke- oder Holzkisten, Turnbänke, Stoffbahnen.

Kostüme und Requisiten

Zirkusdirektor/in: dunkle Anzugjacke, weißes Hemd, Fliege, schwarzer Zylinder, weiße Handschuhe, Blume im Revers, Mikrofonattrappe.
Manegendiener: Latzhosen, Schirmmützen, Buttons mit Zirkusname.
Seiltänzerinnen: kurze Röcke aus Taft oder Krepppapier, Kinderschirme.
Artisten / Dompteur: Turntrikots mit Pailletten und Glitzer versehen, Tücher als Gürtel oder Stirnband, evtl. Pumphosen. Turngeräte, Turnmatten für die Artisten, Stock und Peitsche für den Dompteur.
Raubkatzen: Turntrikots mit gelben Papierstreifen, Haarreifen mit daran befestigten Ohren (→ S. 53), Schwanz aus alten Strumpfhosenbeinen (→ S. 54). Podeste, Gymnastikreifen zum Durchspringen.
Pferde: braune Decke, Pferdekopfmaske (→ S. 45).
Clowns: Perücken, Hüte, überweite Hemden und Hosen, Hosenträger, Ringelhemden, große Schuhe, Fliege. Requisiten können sein: ein überdimensionaler Hammer aus Schaumstoff, eine Riesenschere, große Kisten zum Verstecken, Kissen zum Ausstopfen, Koffer, Gegenstände wie Hupe oder Blinker, Clownnase, Wasserpistole
Kraftmenschen: ärmellose Lederjacken oder nackter, eingeölter Körper mit Tatoos, Schachteln, Rundstab für Gewichtattrappen.
Schlangenbeschwörer (→ S. 67)*:* weißes Tuch, zu einem Turban gewickelt, weite Hosen, Krawattenschlange.

Raumgestaltung

Ein Zirkuszelt lässt sich mit relativ wenig Aufwand gestalten. Dazu wird in der Mitte eines Raumes ein Holzreifen an die Decke gehängt. Spannen Sie entlang der Wände in Augenhöhe Schnüre. Befestigen Sie dann Streifen aus Krepppapier rund um den Reifen und legen Sie diese so über die Schnüre, dass ein zeltförmiges Dach entsteht. Sehr dekorativ sind Luftballons, die traubenförmig in der Mitte des Zeltdaches ihren Platz finden. Seitlich liegende Turnbänke oder auch Getränkekisten grenzen die Manege ab, um die dann Bänke oder Stühle im Halbkreis für die Zuschauer aufgestellt werden. Hinter einem Vorhang bereiten sich die Artisten auf ihren Auftritt vor. Stoffbahnen über eine Wäscheleine gehängt, erfüllen hier voll ihren Zweck. Am besten lagern Sie alle bei der Vorstellung benötigten Requisiten rechts und links hinter dem Vorhang. Um Stress und unnö-

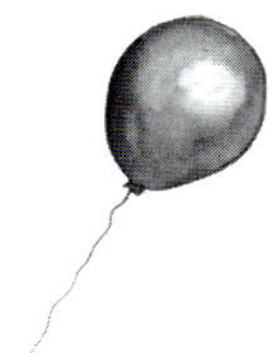

Seitlich liegende Turnbänke oder auch Getränkekisten grenzen die Manege ab, um die dann Bänke oder Stühle im Halbkreis für die Zuschauer aufgestellt werden.

tige Verzögerungen zu vermeiden, werden sie in der Reihenfolge der Zirkusnummern angeordnet. Seitlich des Manegeneingangs spielt etwas erhaben auf einem Podest das Zirkusorchester. Beziehen Sie den Vorraum in die Gestaltung mit ein. So kann die Eingangstüre mit dem Namen des Zirkus und einem Vorhang aus drapierten Stoff- oder Papierbahnen geschmückt werden. Als Kasse dient ein Kasperltheater, das zirkusmäßig aufgemöbelt ist. Im Vorraum ist auch das Buffet mit Speisen und Getränken aufgebaut. Die Gäste und Darsteller können sich hier während einer Pause oder auch nach der Vorstellung stärken. Nicht zu vergessen sind lustig gestaltete Plakate, die zum Zirkusbesuch einladen und einen Überblick über das Programm geben.

Als Instrumente für das Zirkusorchester eignen sich sowohl Orffinstrumente, als auch selbst hergestellte. Außerdem ist alles erlaubt, was Krach macht.

Musik

Originell ist ein Drehorgelspieler. Drehorgeln können über einen Verleih bezogen werden (Gelbe Seiten). Als Instrumente für das Zirkusorchester eignen sich sowohl Orffinstrumente, als auch selbst hergestellte. Außerdem ist alles erlaubt, was Krach macht: Dosen mit Sand oder Steinchen gefüllt, ein umgedrehter Topf oder Eimer als Trommel. Dem Einfallsreichtum der Kinder sind keine Grenzen gesetzt. Die Musikauswahl orientiert sich an den jeweiligen Zirkusnummern und reicht von der Klassik bis zu aktuellen Hits. Beliebt sind auch typische Zirkuslieder wie: "Hereinspaziert, hereinspaziert in unser Zirkuszelt" (→ S. 70).
Zur Zirkuseröffnung eignet sich das Vorspiel zu "Carmen" von George Bizet.

Essen und Trinken

Auf einem Zirkusfest gibt es neben herzhaften Speisen auch süßes Naschwerk. Zum Speisen- und Getränkeangebot könnte gehören: Wiener Würstchen und Kartoffelsalat, Hot Dogs, Bärentatzen (→ S. 79), Krapfen (Berliner, Pfannkuchen), Blechkuchen, Mohrenköpfe, Schokospieße, Rätseltörtchen (→ S. 80), Popcorn, Lutscher, Waffeln, Limonade, Früchtetee, für die Erwachsenen Kaffee und Tee.

Maskenzauber

Kinder leben das ganze Jahr über mit ihren Wunschbildern. Sie verkleiden sich, wann immer sie dazu Lust haben, egal ob Fasching ist oder nicht. Unbewusst beschäftigen sie sich mit den Fragen: „Wer bin ich"? – „Wie bin ich?" – „Wer möchte ich gerne sein?". Dabei sind sie nicht auf vollständige Verkleidung angewiesen. Oftmals reichen symbolische Attribute, die sie auch selbst basteln, Dinge die sie umfunktionieren, Tücher, ein alter Rock und dergleichen, um in andere Rollen zu schlüpfen. – Nichts liegt also näher, dieses Bedürfnis der Kinder aufzugreifen und in Form eines Maskenfestes den Fasching zu feiern. Ein Maskenfest kann auch relativ spontan und ohne große Vorbereitung inszeniert werden.
Als Einstieg zum Thema kann eine Kunstbetrachtung dienen. Picasso ließ sich von der Welt der Gaukler, der Zirkusleute inspirieren und hinterließ uns einige Gemälde, die sich sehr gut für die Betrachtung mit Kindern eignen. Auch mit den „Meditationen" von Jawlensky (→ S. 46) können Sie einen gelungenen Einstieg zum Thema „Maske" schaffen.
Fotos von Masken aus Venedig oder aus Basel stimmen die Kinder noch intensiver auf das Thema ein.

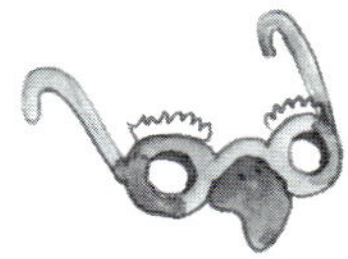

Fotos von Masken aus Venedig oder Basel stimmen die Kinder auf das Thema Maskenfest ein.

Tage oder Wochen vor dem Faschingsfest werden Masken und Kostüme in allen Variationen gebastelt und Räume damit dekoriert. Die Kinder experimentieren, spielen und verkleiden sich immer wieder aufs Neue, denn inzwischen hat sich mit Hilfe der Eltern ein Fundus von überaus interessanten Materialien angesammelt. Die eingerichtete Schminkecke (→ S. 49 f.) wird zum weiteren Mittelpunkt.

Ideen für ein Maskenfest
Den Einstieg bildet das Singen eines gemeinsamen Faschingsliedes (→ S. 69 ff.). Haben Sie mit den Kindern zuvor eine Kunstbetrachtung zum Thema „Masken" durchgeführt, können Sie das Gespräch noch einmal darauf bringen.
Danach betrachten und befühlen alle die neuen Verkleidungsmaterialien. Jedes Kind sucht sich einen Partner, denn jetzt geht's ans gegen-

seitige Schminken. Nun verwandeln sich die Kinder mit dem Riesenfundus an Materialien in die ungewöhnlichsten Gestalten. Den Ideen sind keine Grenzen gesetzt. Je verrückter, desto besser.

Bedenken Sie, dass es viel Zeit in Anspruch nehmen wird, bis sich jedes Kind ein Kostüm ausgedacht und verschiedene Dinge selbst hergestellt hat. Das Verkleiden macht den Kindern großen Spaß, und ein Kostüm kann immer wieder verändert werden, bis das Kind letztendlich mit seiner Kreation zufrieden ist. Erfahrungsgemäß stürzen sich die Kinder mit Begeisterung in die Aufgabe. Ihre Kreativität entfaltet sich, wenn ihnen die entsprechenden Materialien angeboten werden. Der Erwachsene muss den Kindern nur genügend Zeit zur Verfügung stellen. Er hilft nur dort, wo es notwendig ist und ermutigt unsichere Kinder.

Der eigentliche Höhepunkt des Maskenfestes ist, neben dem Verkleiden, das Vorführen der Masken. Dies kann in Form einer Modenschau mit Ansage und peppiger Musik geschehen. Oder, die einzelnen Kinder stellen sich mit viel Mimik und Gestik vor, nennen ihren Fantasie-Namen und erzählen, aus welchem unbekannten, fernen Land sie kommen. Die Kinder lieben es, in andere Rollen zu schlüpfen und diese auszuleben. Sie erleben sich dabei selbst in den unterschiedlichsten und vielleicht ungewöhnlichsten Figuren. Daraus könnte ein Stehgreifspiel entstehen, an dem alle Kinder nach und nach beteiligt sind. Wer gerade nicht spielt, ist Zuschauer. Der Erwachsene lenkt, gibt den Einsatz und schafft Überleitungen.

Schlemmen am Büffet und freies Tanzen nach Lust und Laune, ein Überraschungsgast, z. B. die Tante aus Amerika (→ S. 51), sind ebenfalls wichtige Elemente eines gelungenen Maskenfestes. Einen gemeinsamen Abschluss bildet ein Maskentanz (→ S. 74) oder eine Polonaise (→ S. 75). Hier kommen die Kostüme noch einmal richtig zur Geltung!

Für ein Maskenfest kann man fast alles gebrauchen, was Haushalte bergen: Von der Alufolie bis zum Zwiebelnetz findet alles Verwendung.

Materialsammlung

Eine vielseitige Materialsammlung regt die Kreativität der Kinder an. Dazu brauchen Sie die Unterstützung der Eltern. Diese werden gebeten, ihren Haushalt mit anderen Augen zu betrachten. Was nicht mehr gebraucht wird und sich zum Verkleiden eignet, nimmt die Einrichtung gerne entgegen. Die Kindergruppe und die Erzieherinnen freuen sich über jedes Mitbringsel.
Das können Sie brauchen: Müllsäcke in allen Farben und Größen, Papiertüten, alle Variationen von Folien, Knackfolie, Alu-, Spiegel-, Malerfolie, Plastikplanen, alle möglichen Papierarten, wie Wellpappe, Geschenkpapier, Schachteln oder Eierkartons, Schnüre, Schleifen, Bänder, Seidenblumen, Federn, verschiedene Stoffe, z. B. Bettlaken, bunte Tücher, alte Tischdecken, Vorhänge und Gardinen, Tüll, Satin, Netze, Moskitonetze, Kartoffelsäcke, Zwiebelnetze, Orangensäckchen, Filz, Leder, Holzwolle, ausgediente interessante Kleidungsstücke, vielleicht mit Glitzer, Pailletten, Fell, Federn, alte Hemden, lange Röcke, Krawatten, Fliegen, Hüte, Handschuhe und Taschen, Brillengestelle, Schuhe, in allen Variationen und Vieles mehr!

Kostümbeispiele

Ballerina- Prinzessinnenkleider können aus Müllsäcken, Tüll und Federn, aber auch Wellpappe oder Zeitungspapier, entstehen. Verziert werden sie mit Federn und Bändern, ein Tortendeckchen wird zum Kragen, eine Gardine zum Schleier und Seidenblumen auf die Hausschuhe gesteckt, vervollkommnen den Prinzessinnenlook.
Masken und Hüte lassen sich aus Tüten oder Wellpappe, verziert mit Glitzer, Federn, Fellresten herstellen.
Ritterrüstungen kann man aus Metallfolien oder Wellpappe anfertigen, um nur einige Beispiele zu nennen. In erster Linie gilt es, den Ideen der Kinder freien Lauf zu lassen!

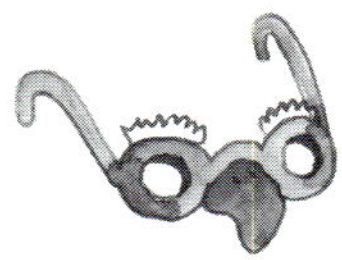

Zum Fest können all die gebastelten Masken an Schnüren aufgehängt werden, so dass sie zu einer lustig baumelnden Girlande werden.

Raumgestaltung

Bereits vorhandene Masken sind den Kindern als Dekoration an der Wand lieber als sie zu tragen.

Zum Maskenfest können all die gebastelten Werke an Schnüren, die von Wand zu Wand gespannt sind, aufgehängt werden, so dass sie zu einer lustig baumelnden Girlande werden. Die Masken lachen fröhlich von Wänden, Fenstern und Türen. – Der Türrahmen der Eingangstüre kann mit einem großen Gesicht beklebt werden. Dieses sollte einen riesengroßen offenen Mund haben, vielleicht mit gefährlichen Zähnen. Jedes Mal, wenn man in „das Land der Masken" gelangen oder dieses verlassen will, muss man durch den schaurigen Mund steigen.

In ganzen Trauben werden Luftballons an die Decke gehängt. Jedes Kind bemalt seinen mit einem Gesicht. Auch aufgehängte Hüte können lustig aussehen, wenn sie von den Kindern originell geschmückt sind.

Tüll-, Stoffbahnen, und Netze an Wände und Decke gespannt, geben einen schönen Hintergrund für schwebende Masken (→ S. 43 ff.).

Der Nebenraum oder eine Ecke des Zimmers wird zum Schminkstudio. Diesen Bereich sollten Sie möglichst groß anlegen, bedenken Sie, dass sich bei diesem Fest viele Kinder gleichzeitig schminken und verkleiden. Natürlich brauchen Sie jede Menge großer und kleiner Spiegel. Bitten Sie die Eltern um Leihgaben. Im Spiegel sehen die Kinder, wie sie aussehen, sie drehen sich, bewundern sich von allen Seiten, erfreuen sich an ihrem Spiegelbild.

Die Tische sind zu einer langen Tafel zusammengestellt, damit viel Platz für das Material und Bewegungsfreiraum zum Maskieren bleibt. Danach wird sie von allen gemeinsam zur Festtafel geschmückt. Dekorativ sind von den Kindern bemalte Tischdecken und Masken, die in mit Sand gefüllten Blumentöpfen stecken. Falls das Essen nicht auf einem Büffet angerichtet ist, wirken die Gerichte, dem Motto entsprechend zubereitet und verziert, auch sehr dekorativ.

Mit dieser Anordnung der Tische haben Sie auch Platz geschaffen für die Maskenvorführung, das Stegreifspiel und den Tanz.

Eine große Tafel ist ein wesentliches Element der Festgestaltung. Es gibt nichts schöneres, als nach wildem Trubel gemütlich zusammenzusitzen, zu essen und zu quatschen.

Auf einem kleinem Podest, das aus Transportgutpaletten gebaut ist, könnten die Kinder ihre Masken gut zur Wirkung bringen. Eine Bahn ausgerollter Wellpappe wird zum Laufsteg für die „Maskenshow".

Essen und Trinken

Am Büffet warten die leckersten Gerichte, natürlich alle auf das Motto bezogen. Es gibt z. B.

- Hände und Masken aus Quarkölteig (→ S. 78),
- Mohrenköpfe mit aufgemalten Gesichtern und Papphütchen
- Pudding mit einem Gesicht aus Zuckerschrift und Smarties
- Pizzas mit Gesicht aus Salamischeiben und Karotten oder Paprikastreifen.

Spiele und Aktionen

Die „Tante aus Amerika" (→ S. 51) ist ein lustiger und sehr gewichtiger Überraschungsgast. Sie ist versteckt unter einem großen Sonnenschirm, der mit Stoffbahnen drapiert ist. An der Schirmspitze ist ein Kopf montiert. Die Tante kann sich schlank oder dick machen, indem sie den Schirm auf und zu klappt. Sie tanzt, wirbelt durch den Raum und wirft Bonbons und Kaugummi durch die Ausgriffe im Stoffkleid.

Die Kinder werden mit ihren originellen Masken fotografiert. Zu einer Collage arrangiert, werden die Fotos noch lange den Gruppenraum; das Klassenzimmer oder die Garderobe schmücken.
Außerdem finden Sie in unserer Spielekiste weitere Ideen, die Sie individuell zu Ihren Festen zusammenstellen können.

Musik und Tanz

- Die einstudierten Faschingslieder singen
- Ein Konzert mit selbstgebauten Rasseln, Saiteninstrumenten (→ S. 73) und der Buschtrommel (→ S. 74)
- Discoparty nach Musikwünschen der Kinder und freies Tanzen (Die Kinder bringen ihre Lieblingsmusik selbst mit)
- Polonaise (→ S. 75)
- Maskentanz (→ S. 74)

Wie oben bereits erwähnt, bedarf ein Maskenfest keiner großen Programmpunkte. Das Eigentliche dieses Festes soll das kreative Schminken und Verkleiden und das In-andere-Rollen-schlüpfen sein.

Wo die wilden Kerle wohnen

„An dem Abend, als Max seinen Wolfspelz trug ...", so beginnt die bei Kindern und auch Erwachsenen beliebte Geschichte von den „Wilden Kerlen".

„An dem Abend, als Max seinen Wolfspelz trug ...", so beginnt die bei Kindern und auch Erwachsenen beliebte Geschichte von den „Wilden Kerlen". Max, ein Kind wie jedes andere, trägt nicht nur im Fasching ein Kostüm. Er verkleidet sich an einem x-beliebigen Abend und trägt sein Kostüm sogar im Traum, um seine Ängste und Hemmungen zu überwinden und seine Auseinandersetzungen im Alltag zu verarbeiten ...
„Der Wolfspelz als Maske, hinter der man sich verstecken kann, verleiht absolute Sicherheit für den Ausdruck der eigenen, bislang versteckt gehaltenen Gefühle. Man ist ja nun ein anderer, ein Wolf, der von Natur aus wild und gefährlich sein darf. Max stellt sich den wilden Kerlen, er hat den Mut, der Aggression mit eigener Stärke zu begegnen. Er wird so wie die wilden Kerle. Er wird zu ihrem König, was bedeutet, dass er seine eigene Wildheit im Griff hat. Durch die Identifizierungsprozesse wird die Aggression gezähmt und ungefährlicher." (Pertler/Pertler: Kinder erleben Märchen, S. 114 ff)
Diese Problematik, die alle Kinder vom Vorschulalter bis zum Grundschulalter betrifft, bietet sich geradezu als Projektthema an. Den Höhepunkt bildet die Faschingsparty im Land der wilden Kerle. Dieses emotionale Thema nur zur Gestaltung einer Faschingsparty einzusetzen, wäre fast zu schade. Wie oben beschrieben, bieten sich hier für die Kinder wichtige Entwicklungsmöglichkeiten und effektives Verarbeiten braucht Zeit. Die Kindergruppe setzt sich liebend gerne wochenlang mit diesem Thema auseinander, wenn man sie nur lässt.
Die Grundlage und den Einstieg zum Thema bildet natürlich das Bilderbuch „Wo die wilden Kerle wohnen" von Maurice Sendak.
Folgende Gesprächsthemen führen die Kinder zu einer persönlichen, intensiven Auseinandersetzung mit dem Inhalt der Geschichte:

- Wie hast du dich schon einmal verkleidet, als du ganz wild sein wolltest?
- Wärst du wie Max wieder heimgekommen oder wärst du selber lieber länger bei den wilden Kerlen geblieben?

Wilde-Kerle-Party

Entweder kommen die Kinder bereits verkleidet und geschminkt als Max und die wilden Kerle, die Erzieherin vielleicht als Mutter oder warum nicht, als ganz wilder Kerl in die Einrichtung, oder sie maskieren und schminken sich erst in ihrer Gruppe. Letzteres wird dann bereits ein Teil der Festgestaltung sein.

Das gemeinsame Singen des „Krachmachersongs" (→ S. 72) schafft einen lustigen, lebendigen Einstieg und verbindet die Gruppe zu einer wilden Gesellschaft. Die Kinder geben sich furchteinflößende Namen und stellen sich einzeln mit Fauchen, Zähnefletschen und Augenrollen vor. Dabei können alle Kinder die gelungene Verkleidung bewundern und beklatschen. Die wilden Kerle ziehen in einer Polonaise durch das ganze Haus, bis sie zum Land der wilden Kerle kommen. Sie machen unterwegs in der Halle lustige Spiele oder führen dort ihr Stegreifspiel mit den Krachmacherinstrumenten auf. Oder das Stabfigurenspiel (→ S. 60) kommt zum Einsatz, womit eine ruhigere Phase der Party eingeleitet werden könnte. Zurück im Gruppenraum, der zur Insel gestaltet ist, können sich die wilden Kerle am Inselbuffet bedienen. Gegessen wird auf dem Boden sitzend und natürlich mit den Fingern, wie wilde Kerle das eben tun.

Zum Abschluss würde sich eine Fantasiereise eignen, die es den Kinder erleichtert, wieder zur Ruhe zu finden.

Verkleiden

Das brauchen die Kinder, um sich in wilde Kerle oder in Max zu verwandeln: Müllsäcke in grau für die wilden Kerle, in weiß für Max, Müllsäcke in blau für das Meer, Netze und Säcke zum Anziehen, dazu große alte Schuhe, Moonboots, alte Pelzmützen, Felle, Fuchsschwanz. Aus Alufolie oder Metallbastelfolie können fürchterliche Krallen gewickelt werden, die dann auf die Finger gesteckt die Verkleidung allmählich vervollkommnen. Mit Pfeifenputzern werden Ohren oder Hörner gebogen und auf einen Haarreifen montiert. Aus Pappe könnte man Ohren und Hörner ausschneiden und diese auf dem Haarreif (→ S. 53) befestigen. Alte Pappnasen könnten neu angemalt oder mit Pappmachee verlängert werden.

Die Kinder geben sich furchteinflößende Namen und stellen sich einzeln mit Fauchen, Zähnefletschen und Augenrollen vor.

Schminken

Das Angebot an Schminkstiften, Schminke in Cremeform, Nassschminke und selbst hergestellter Schminke (→ S. 48 f.) schafft für die Kinder ein Verwandlungsparadies.
Haargel braucht man dringend, um die wildesten Frisuren zu gestalten. Vielleicht greifen manche Kinder lieber zu Kamm und starkem Haarspray, toupieren und sprayen was das Zeug hält, um sich in einen wilden Kerl zu verwandeln.

Raumdekoration

Die Raumdekoration wächst bildlich wie in der Geschichte der Wald. Woche für Woche dekorieren die Kinder ihr Zimmer ein bisschen mehr zu einer unbekannten wilden Welt. Von der Decke hängen Netze mit Lianen aus Papier, Hanf oder Seil. Die Wände werden mit Papierpalmen oder Fantasiebäumen verkleidet. Aus Papprohren von Stoffballen und Palmwedeln aus Papier werden stehende Palmen (→ S. 57).

Die Kinder malen ihren Körperumriss auf große Papierbahnen und gestalten diese als Wilde Kerle aus. Zwischen Palmen und anderen Bäumen werden sie an die Wände gehängt.

In einer Ecke steht das selbstgebaute Schiff. Bauen Sie es gemeinsam mit den Kindern aus einem großen Karton und Pappe von der Rolle. Ein Holzstab und weißes Papier oder ein Tuch werden zum Segel, zwei weitere Rundhölzer mit Paddeln aus Pappe zum Ruder. Die Kinder können hier die Geschichte nach Lust und Laune nachspielen.
In einer anderen Ecke ist mit grünen und braunen Tüchern und Decken die Insel angelegt. Am Ufer liegt auf Plastikplanen Sand mit Muscheln. Auf einem Tisch könnte die ganze Landschaft mit Naturmaterialien aufgebaut sein, auch hier dürfen Sand und Muscheln nicht fehlen. Als Unterlage dient eine Malerfolie. Kleine, aus Papier gebastelte Palmen stecken in Ständern aus Plastilin. Das Schiff wird aus Papier gefaltet oder sogar aus Holzbrettchen gebastelt. In Bücherläden gab es vor einiger Zeit die wilden Kerle als Stoffpuppen. Vielleicht gehören Sie zu den glücklichen Besitzern? Oder die Kinder malen die wilden Kerle auf Pappe, schneiden sie aus, mit einem kleinen Ständer aus Pappe versehen, können sie auch stehen. Diese Szenerie sollte auch bespielt werden.

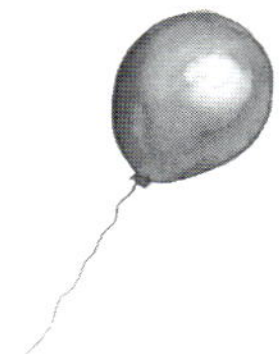

Die Kinder malen ihre Körperumrisse auf große Papierbahnen und gestalten diese als „Wilde Kerle“ aus. Zwischen Palmen und anderen Bäumen werden sie an die Wände gehängt.

Wie bei allen Faschingsprojekten und –festen sollte auch hier das Schminkstudio nicht fehlen, diesmal mit allen erdenklichen Schmink- und Frisiermöglichkeiten. Die Kinder scheuen im Spiel nicht zurück, ihr liebes Gesicht in ein furchterregendes zu verwandeln. Eine Verkleidungsecke darf keinesfalls fehlen. Mit Unterstützung der Eltern bildet sich ein Fundus an Verkleidungsmaterialien. Sicher ist auch viel Brauchbares bereits in der Einrichtung vorhanden, oder vielleicht motiviert Sie dieses Thema, Ihre eigenen Schränke zu durchstöbern und Freunde und Verwandte zu bitten.

Musik und Tanz
Aus Dosen, alten Glühbirnen und Kronkorken lassen sich Krachmacherinstrumente herstellen. Aus Kartons mit Gummibändern, Gummi-

ringen oder Nylonschnüren werden fremdklingende Saiteninstrumente hergestellt, die bei der Party voll zum Einsatz kommen.
Der „Krachmachersong“ (→ S. 72) darf keinesfalls fehlen.
Ein Spotlight-Tanz (→ S. 76) und ein Knabbertanz (→ S. 76) bieten originelle Bewegungsmöglichkeiten.

Spiele und Aktionen
Der Höhepunkt eines „Wilde-Kerle-Faschings“ könnte ein Rollenspiel sein. Alle Kinder sind an der Geschichte beteiligt. Die wilden Kerle spielen zu Musik und Tanz. Da sie in der Anzahl x-beliebig verstärkt werden können, kommen alle Kinder auf ihre Kosten.
Ein Stabfigurenspiel (→ S. 60), das auch den anderen Gruppen im Haus oder den Eltern vorgespielt wird, stößt bestimmt auf ebenso große Beliebtheit, wie das bekannte Kasperltheater. Viele Spiele zum Thema Dschungel (→ S. 61 ff.) eignen sich auch hier sehr gut.

Essen und Trinken
Wir backen wilde Kerle aus Plätzchenteig oder Muffins, in die man kleine wilde Kerle aus Papier steckt. Diese werden von den Kindern gemalt, ausgeschnitten und auf Zahnstocher oder Schaschlikspieße geklebt.
Auch Schlangenbrot (→ S. 79), Bärentatzen aus Hackfleisch (→ S. 79) und Riesen-Hände mit Krallen aus Quarkölteig, sind genau das Richtige für das Büffet der wilden Kerle. Obstschiffchen (→ S. 78) erinnern an die lange Seefahrt von Max. Bunte Säfte oder ein „Zaubertrunk“ von Max löschen den Durst der Wilden.

Weißes Fest

Dieses Fest hebt sich von allen anderen Faschingsparties stark ab. Es verlangt schon etwas Mut, sich auf eine Farbgebung zu beschränken. Gerade das aber hat seinen besonderen Reiz. Der Raum, die Kostüme, das Essen, alles in einem Hauch von Weiß, erzielt eine fröhliche, festliche und zauberhafte Stimmung. Mit einem „Weißen Fest“, geben Sie dem Fasching eine ganz andere, unbekannte Note.

Natürlich können Sie nach Lust und Laune auch andere Farben wählen oder jeden Raum in der Einrichtung ist in einer anderen Farbe gestalten. Bestimmend können hier die Grundfarben sein. Die Farbgebung wird mit den Kindern festgelegt, dabei kann durchaus Pink oder Hellblau gewünscht sein. Ein Raum ganz in Weiß wird zur Oase der Ruhe und Entspannung im bunten Faschingstrubel, denn jede Farbgebung fördert eine andere Stimmung. Im roten Zimmer wird es sicher um einiges wilder zugehen, als im blauen oder grünen.
Ein weißes Fest könnte der Höhepunkt eines Farbenprojekts sein, bei dem die Kinder bereits einige Wochen lang alle Grundfarben mit allen Sinnen erleben konnten.
Farbenfeste lassen sich auch das ganze Jahr über erarbeiten. Sie können zum Jahresthema werden. Den jeweiligen Jahreszeiten zugeordnet, können sie den Jahresablauf strukturieren, z. B. Weiß erleben wir im Winter, Gelb und Rosa verbinden wir mit dem Frühling usw. Exemplarisch für ein Farbenfest stellen wir Ihnen nun ein „Weißes Fest" vor.

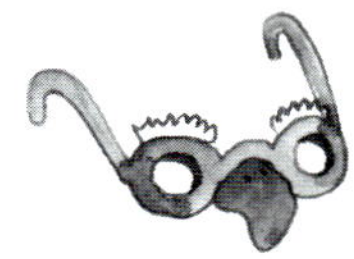

Der Raum, die Kostüme, das Essen, alles in einem Hauch von Weiß, erzielt eine fröhliche, festliche und zauberhafte Stimmung.

Ideen für ein „Weißes Fest"

Mit dem Lied „Weiß, weiß, weiß, sind alle meine Kleider" stimmen sich die Kinder zum Verkleiden ganz in Weiß ein. Wer Lust hat, malt sich das Gesicht weiß an, oder lässt sich von einem Freund oder einer Freundin schminken. Die Farbe Weiß kann mit Flitter in Silber oder Gold noch betont werden.
Alle Kinder versammeln sich im Sitzkreis. Auf dem Boden in der Mitte ist ein großes weißes Tuch ausgebreitet, auf dem alle möglichen Verkleidungsstücke und Requisiten in Weiß liegen. Die Erzieherin legt zur Untermalung eine passende Musik auf und führt die Kinder mit ein paar Worten oder einer Fantasiereise in ein „Weißes Land". Dadurch werden die Kinder zum Verkleiden angeregt. Sie entwickeln bereits Ideen, die gleich umgesetzt werden können. Die Musik läuft weiter, während sich die Kinder verkleiden. Denn sie brauchen viel Zeit, um ihren Ideen freien Lauf zu lassen. Alles geschieht spielerisch. Auch hier hilft die Erzieherin nur, wenn es erforderlich ist.
Wie auch beim Maskenfest, wird beim Weißen Fest das Vorführen der Verkleidung zum Höhepunkt. Wo vorher gerade noch Berge von Kleidungsstücken lagen, entsteht eine Arena oder ein Laufsteg. Hier präsentieren die Kinder stolz ihr Werk. Unterstreichen kann man diese

Aktion, wenn ein Erwachsener als Conferencier die Show begleitet. Sicher macht es allen großen Spaß, sich einen besonderen Namen zu geben und vielleicht in Anlehnung an die vorherige Fantasiereise zu erzählen, woher sie kommen, wohin sie gehen, warum sie das Weiß so lieben. Auch könnte sich spontan ein „Weißes Theater" entwickeln. Allein schon mit den Ideen der Kinder bei der Vorstellung ihrer Rollen entsteht eine interessante Geschichte, die dann mit Musik oder von Geräuschinstrumenten begleitet und vom Erwachsenen aus dem Stegreif zusammengefasst, zur lustigen, gruseligen oder auch märchenhaften Aufführung wird. Jedes Kind ist in irgendeiner Weise in das Spiel eingebunden.

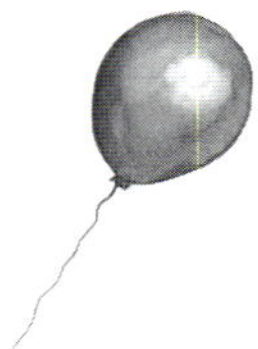

„Weiß, weiß, weiß, ist alles was ich habe. Weiß, weiß, weiß, das Schneeglöckchen ist weiß."

Ein glanzvoller Höhepunkt dieses Festes könnte auch ein „Tanz der Weißen Masken" sein (→ S. 74), oder ein Schleiertanz, zu dem jedes Kind noch mit einem weißen Schleier aus alten Gardinen ausgestattet wird. Eine einfache Tanzform, zum Beispiel zu Walzerklängen einstudiert, oder auch mit vielen freien Bewegungsformen, z. B. zur „Kindersin-fonie" von W. A. Mozart, führt die weiße Gesellschaft in eine fröhliche, bezaubernde Stimmung.
Auch beim freien Tanzen, was keinesfalls bei einem Fest fehlen darf, kommt die individuelle Verkleidung nochmals richtig zur Geltung.
Ein wunderschönes Erlebnis für die Kinder ist ein „Farbdia-Tanz" (→ S. 77).
Ein poetischer Abschluss könnte auch sein, selbstgemachte kleine oder riesengroße Seifenblasen schweben zu lassen. Hierzu eignet sich sehr gut die Musik „Aquarium" aus „Carneval der Tiere", von Camille Saint-Saëns.
Ausgelassen wird die Stimmung im Styropor-Chip-Bad (ein Planschbecken, gefüllt mit weißen Chips).
Ein weißes Schlemmerbuffet lockt hungrige Gäste ins weiße Schlemmerparadies. Alle Gerichte, ob süß oder sauer, sind weiß.
Eine weiße Polonaise (→ S. 75) durch das ganze Haus versetzt zum Abschluss noch einmal alle zusammen in Bewegung.

Einstieg zum Thema

Zu Fasching liegt in vielen deutschsprachigen Regionen Schnee. Die Landschaft, die Häuser sind weiß verschneit. Nichts liegt näher, als dieses Weiß zu erforschen. Die Kinder untersuchen ihre Umgebung und nehmen aufmerksam alles Weiße wahr. Das kann auf einem Spa-

ziergang sein oder beim gemeinsamen Spiel im Garten. Dazu angeregt, auch zu Hause nach allem zu suchen, was weiß ist, berichten die Kinder am nächsten Tag im Stuhlkreis von ihren Entdeckungen.
Wir experimentieren mit Schnee, er kann geschmolzen werden und zeigt sich als Wasser farblos. Erneut gefroren, nimmt das Wasser die Farbe Weiß wieder an, diesmal aber in einer anderen Tönung.
Der weiße Schnee kann in allen Farben (Wasserfarben) gefärbt werden. Dazu passend gibt es eine poetische Geschichte „Warum der Schnee dem Schneeglöckchen nicht schadet" (→ S. 59 f.). Ebenso kann man mit weißen Zuckerstücken experimentieren und zusehen, wie sie farbig werden, wenn man sie in Wasserfarbe, Lebensmittelfarbe oder Tinte legt. Umgekehrt kann man alles mögliche Weiß anmalen und bekleben. Den Kindern macht es einen Riesenspaß, wenn sie alle Farben mit weißer Paste abmischen können und sie auf diese Weise die Pastellfarben kennen lernen.

Materialsammlung für Raumdekoration und Kostüme
Weißes Papier aller Art, Tortenspitzen, Kartons, Schachteln, Folien aus Plastik, Metall, weiße Plastikbecher von Jogurt u. Ä., Styroporplatten und -chips, Federn, Fell, Plüsch, Stoffe, Tüll, Watte, Seidenblumen, Luftballons, Moskitonetze, weißes Fliegengitter von der Rolle, weiße Hemden, T-Shirts, Röcke, alte Spitzenunterröcke bis hin zum ausgedienten Kommunionkleid.

Verkleiden
Aus dem weißen Fundus entstehen die individuellsten Masken. Mädchen, die nicht auf ihr Ballerina-, Prinzessinnen- oder Feenkostüm verzichten wollen, finden bestimmt genügend weiße Materialien für diese Rollen. Spitzenunterröcke, Tüllbahnen, Blumenhüte, weiße Spitzenhandschuhe, Kragen aus Tortendecken, Ketten aus weißen Perlen oder aus Popcorn (→ S. 56) aufgefädelt, werden zu traumhaften Kostümen.
Weiße Tiere, Geister, Vampire und andere Schreckensgestalten bieten sich den Kindern an, die das Wilde und Schaurige suchen.
Ebenfalls können abstrakte, futuristische Masken aus anderen Welten entstehen, z.B. weiße Ritter.

Dem Ideenreichtum der Kinder sind keine Grenzen gesetzt, auch wenn sie sich auf nur eine Farbe beschränken, denn diese gibt es in allen erdenklichen Materialvariationen zu entdecken.
Lassen Sie sich selbst von der besonderen Atmosphäre eines weißen Festes überraschen, Sie werden begeistert sein!

Raumgestaltung
Alle in Weiß gebastelten Masken, vor allem die Gipsmasken (→ S. 45 f.), werden an Wänden, Türen, Fenstern und Decken dekoriert. Maschendraht von der Rolle kann als Fläche oder zu Körpern modelliert an die Decke oder an Wände montiert werden. Er bietet eine gute Möglichkeit, die Masken mit Schnüren und Bändern daran zu befestigen. Ein Baldachin aus einem oder mehreren Moskitonetzen erzielt eine zauberhafte Atmosphäre. Ebenso kann ein Himmel aus weißen Krepppapierbahnen oder aus Stoffbahnen, die um einen Reifen montiert sind, entstehen. Eine Menge Luftballons, diesmal alle in Weiß von der Decke hängend, gehören unbedingt zum Fasching. Große Seiden- und Krepppapierblumen (→ S. 57) an Wänden und Decken wirken duftig und romantisch. Girlanden, diesmal auch in Weiß, dürfen bei keiner Faschingsdekoration fehlen. Weiße Tücher, Tüll und Federn verstärken die Atmosphäre im Raum.
Die Eingangstüre wird zu einer weißen Tastwand verwandelt, in dem man eine Collage aus allen erdenklichen weißen Materialien an die Türe klebt. Die Fenster werden mit weißen Tortenspitzen beklebt. Die Kinder lieben es aber auch, selbst aus Papier Spitzendeckchen zu schneiden. Auf die Tische werden Sets in Blüten-, Herzform oder vielleicht als weiße Maus gelegt. Die Kinder schneiden sie aus weißem Papier und nach ihren Ideen aus.
Große alte Schraubgläser, mit weißen Seidenpapierschnitzen beklebt, schmücken als edle Laternen die Tische und Sideboards. Seidenblumen in weißen Töpfen (von den Kindern bemalt) ergänzen unsere Schlemmertafel. Alles erstrahlt nun hell, in weißer Pracht. Für die Kinder sicher eine ganz neue und überraschende Erfahrung, wenn sie ihren Gruppenraum als weißen Palast erleben. Denken Sie auch daran ein Schminkstudio mit vielen Spiegeln und einer große Menge weißer Schminke, die Sie selbst herstellen können (→ S. 47 ff.), einzurichten.

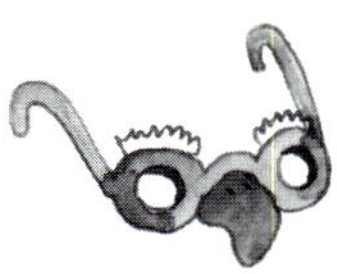

Der Raum erstrahlt ganz in Weiß. Alle Dekorationen sind weiß, das Essen ist weiß und die Gäste ebenfalls.

Viel Platz braucht man zum Vorführen der Masken, zum Stehgreifspiel, zum Schleiertanz und zum freien Tanzen. Vielleicht lassen sich diese Aktionen aber auch im Turnraum durchführen.

Essen und Trinken

Dieses Schlemmerbuffet ist wahrlich ein weißes Paradies. Es gibt kleine Weißwürste, weiße Mohrenköpfe, Türme aus Marshmallows, weiße Puddings oder Cremes, verziert mit weißer Sahne, Popcornberge, Kokosbälle (→ S. 78 f.) oder ganz einfache Brote. Eine weiße Kokostorte, mehrstöckig und mit weißen Marzipanrosen dekoriert, steht im Mittelpunkt. Kekse in Taubenform ausgestochen und mit Zuckerguss verziert, zählen zu den beliebten Naschereien. Natürlich sind diese von den Kindern selbst gebacken. Den Durst löscht weiße Limonade, ein Bananenshake oder Milch.
Alles wird natürlich auf weißen Tüchern und Tortenspitzen angerichtet. Die Tischdecken werden an den Enden gerafft und mit Papierblüten und großen Papier- oder Tüllschleifen dekoriert. Dies gibt dem Büffet eine elegante und märchenhafte Note.

Viel Zeit für Spiele wird wohl nicht mehr sein, wenn sich die Kinder kreativ verkleiden, ihre Kostüme vorführen und Tanzen. Auch das Schlemmen soll genüsslich sein, ohne Hektik. Ein Weißes Fest ist ein entspanntes, fröhliches Faschingserlebnis. Dennoch seien hier für alle Fälle zur Anregung Spiele genannt.

Spiele und Aktionen

- Große und kleine Seifenblasen pusten
- Luftballontanz
- Wettpusten mit Wattekugeln
- Styroporchipbad
- Blind füttern
- Schlangengrube
- Luftballontrick

Musik und Tanz

- freier Tanz zu Discomusik, zu klassischer Musik, zu Sphärenmusik
- Farbentanz (mit Dias) (→ S. 77)
- Maskentanz (→ S. 74)
- Spotlight-Tanz (→ S. 76)
- Popcorn-Knabbertanz (→ S. 76)
- Tanz ohne Worte (→ S. 76)

Faschings-Kehraus

Die tollen Tage sind vorbei. Das Faschingsfest hat Spuren hinterlassen. Konfetti, Luftschlangen, Pappnasen und andere Reste vom Fastnachtstreiben werden im wortwörtlichen Sinne aus den Tanzsälen und von den Straßen gekehrt. Auch in Kindertagesstätten und Schulen stellt sich die Frage, wohin mit all den Sachen? So manches ist zum Wegwerfen zu schade. Die mit viel Mühe gebastelte wunderschöne Maske nehmen Kinder gerne mit nach Hause, während die eine oder andere Dekoration vielleicht noch bei einem anderen Fest tauglich ist und im Keller verstaut wird. Der verbleibende Rest muss aber nicht unbedingt zum Altpapier. Viel reizvoller ist es für Kinder, im Garten ein kleines Feuer zu entfachen. So können sie erleben, wie aus all den Konfetti und Luftschlangen Asche wird. Das erinnert uns auch alle daran, dass der Mittwoch nach Fastnacht als Aschermittwoch im Kalender steht. Es ist der erste Tag der Fastenzeit. Christen besuchen an diesem Tag die Kirche, um sich vom Priester ein Aschenkreuz auf die Stirn malen zu lassen. Es ist Zeichen dafür, dass alles aus Staub ist und wieder zum Staub zurückkehrt, denn Sterben und Leben gehören zusammen. In der Zeit nach den Faschingstagen können sowohl Erwachsene als auch Kinder nochmals Bilanz über das vergangene Fest ziehen. Was hat uns gefallen und was nicht? Worauf sollten wir das nächste Mal achten? Nach einer Phase des Fröhlichseins und der Ausgelassenheit beginnt nun eine Zeit der Besinnung und inneren Einkehr, die mit dem Osterfest ihren Abschluss findet. Diese Zeit kommt dem Bedürfnis der Erwachsenen, wie auch dem der Kinder nach Ruhe und Entspannung entgegen.

Bausteine

für die praktische Arbeit

Maskenwerkstatt

Der Gesichtsausdruck und die Mimik des Menschen sagt viel über sein Wesen und seine Gefühle aus. Im Fasching aber sollen Masken das Gesicht verbergen und uns zu ganz anderen Wesen werden lassen. Die an der Wand dekorierten Masken schauen uns an, lustig oder geheimnisvoll, dennoch ohne Leben. Im Spiel der Kinder werden sie aus ihrer Erstarrung gelöst. Die Kinder beleben die Masken und damit ihre Wünsche und Sehnsüchte. In einer Tigermaske werden selbst Schüchterne ganz stark, und ängstliche Kinder jagen in einer Gespenstermaske den anderen einen Schrecken ein. Gipsmasken faszinieren Kinder sehr, sie sehen sich ihrem Selbst gegenüber. Einfachere Masken kann man aus Tüten basteln, Pappteller oder Eierkartons bilden eine gute Grundlage zur Herstellung von Masken. Verziert wird mit allen erdenklichen Materialien. Z. B. nimmt man für Haare: Wolle, Bast, Schnüre, Papierschnitzel, Netze, Federn, Watte usw. Geschmückt wird mit Glitter, Pailletten, Glitzersteinchen. Das Material bestimmt den Charakter der Maske eindeutig. Wird viel mit Alufolie und Glitter gearbeitet, entstehen futuristische Masken, mit Tüll und Glitter, romantische und märchenhafte.
Folgen Sie uns in unsere Maskenwerkstatt. Unsere Anleitungen dienen als Grundlage. Mit Kreativität und Fantasie lassen sich unzählige Variationen erzielen. Masken sind idealer Verkleidungsspaß zum Fasching oder eine passende Raumdekoration. Sie bringen aber auch Zauber in eine Kindergeburtstagsparty oder in ein Sommerfest.

Halbmaske aus Eierkarton

Diese Halbmaske verdeckt nur die Augen und die Nase und sitzt wie eine Brille im Gesicht.

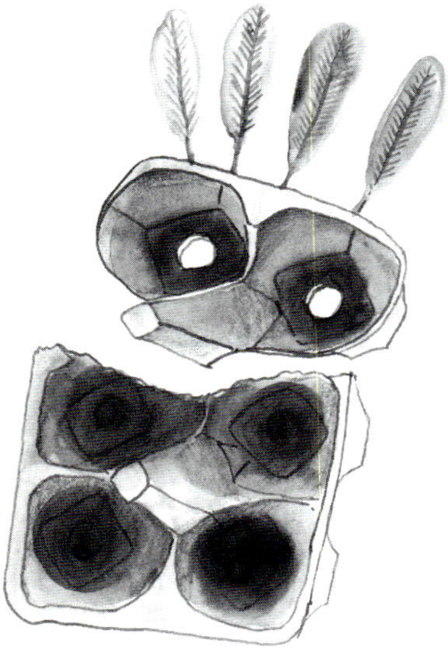

Das braucht man
Eierkarton, Schere, Kleber, festes Zeichenpapier, Farbe, Pinsel, Gummiband.

So wird's gemacht
Die ersten beiden Vertiefungen mit dem dazugehörigen Höcker aus dem geöffneten Karton ausschneiden. Aus den Vertiefungen dieses Teilstücks die Gucklöcher für die Augen in genügender Größe ausschneiden. Der Höcker wird zur Nase. Nach Lust und Laune oder dem Motto entsprechend bemalen. Trocknen lassen. Eventuell mit Glitter verzieren, mit Wolle oder Bast können Haare, Augenbrauen, Schnurrbart angeklebt werden. Die Maske kann erweitert werden, wenn man aus dem Zeichenpapier Ohren in den verschiedensten Größen und Formen ausschneidet, Hörner, Flügel und Ähnliches. Diese dann entsprechend anmalen und verzieren und an die Eierkartonmaske ankleben.
An jede Seite ein kleines Loch bohren, Gummiband durchziehen und an der Rückseite verknoten.

Tierkopf-Masken

Die Grundform dieser Maske lässt sich mit wenigen Veränderungen ideal erweitern zu: Pferd, Esel, Zebra, Giraffe, Kamel.

Das braucht man
3 Zeichenkartons, Schere, Kleber, Farben zum Bemalen, Wollreste.

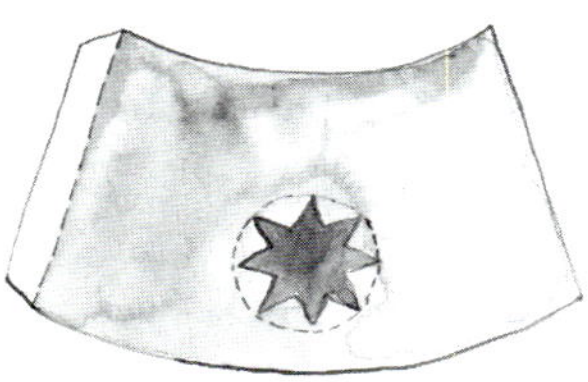

So wird's gemacht
Zwei Zeichenkartons (Kopfteil und Halsteil) wie in der Abb. dargestellt zuschneiden. In einen von beiden das Loch mit den Zacken einschneiden. Hier wird der andere Karton als Hals befestigt. Im Hals Löcher in Augenhöhe des Kindes ausschneiden.

Aus Zeichenkarton Unterteil und Oberteil des Maules und die Ohren schneiden.

Kopfteil und Halsteil jeweils zu einer zylindrischen Röhre zusammenkleben. Den Hals in das Loch des Kopfes stecken und festkleben.

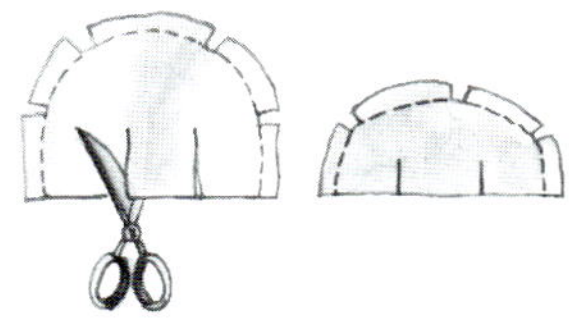

Einschnitte von Ober- und Unterteil des Maules wie Abnäher zusammenkleben, so dass leicht gerundete Formen entstehen. Maul an den Kopf kleben. Einschnitte an der Ohren wie Abnäher zusammenkleben. Ohren an den Kopf kleben. Kopf bemalen, Mähne aus Wollresten anbringen.

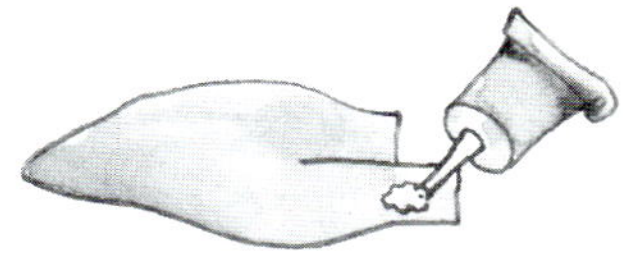

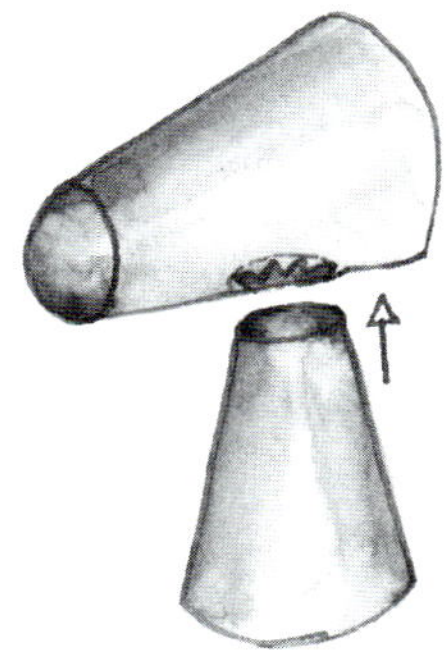

Gipsmasken

Da jüngere Kinder bei dieser Technik oft Angst haben, sollte die Erzieherin entscheiden, ob ihre Gruppe dem gewachsen ist. Die Masken können alternativ auch von Perückenköpfen aus Styropor oder von einem aufgeblasenen Luftballon abgenommen werden.

Das wird gebraucht

Gipsbinden (gibt es in der Apotheke), Schere zum Schneiden der Binden, Badekappe oder Stirnband (um den Haaransatz zu schonen),

Vaseline zum Eincremen des Gesichtes, Folien, Schürze oder Handtuch zum Abdecken des Oberkörpers, damit dieser nicht schmutzig wird, eine Schüssel warmes Wasser zum Eintauchen der Gipsbinden (warmes Wasser ist wesentlich angenehmer!).

So wird's gemacht
Erst ist zu besprechen, ob bei dieser Maske der Mund geschlossen oder geöffnet dargestellt werden soll. Dann die Gipsbinden in ca. 10 cm lange Streifen schneiden, Badekappe oder Stirnband aufsetzen, das Gesicht mit Vaseline dick eincremen. Nun die Gipsbinden kurz in das warme Wasser tauchen und auf das Gesicht auflegen. Dabei soll jede Handlung mit erklärenden Worten begleitet werden, damit sich derjenige, der die Maske abgenommen bekommt, sicher und wohl fühlt. Circa fünf Schichten übereinander garantieren die Stabilität der Maske. Nach dem Auflegen der Streifen werden Unebenheiten verstrichen, dazu kann man ebenfalls ein Stück Binde benutzen, die etwas Gips abgibt. Die Maske mindestens fünf Minuten auf dem Gesicht trocknen lassen. Zum Abnehmen sollte das Modell Grimassen schneiden, damit sich die Maske leichter löst. Jedes Kind, das Modell saß, wird fasziniert sein von seinem Abdruck. Gelegentlich wollen die Kinder auch sofort in einen Spiegel schauen, vielleicht um mit der Maske zu vergleichen oder um zu sehen, ob das eigene Gesicht noch vorhanden ist.

Bildbetrachtung zum Thema „Maske"

„Meditation" (1918) oder „Das Gebet" (1922) von Alexej von Jawlensky

Das braucht man
Kunstdruck oder Dia (Museumsshops, Kunstbildbände oder in: Pertler, Cordula: Kinder erleben große Maler, DBV München).

So kann man vorgehen
Beispielfragen:
- Was ist hier zu sehen, was ist das?
- Ist das ein normales Gesicht?

- Was könnte sich dahinter verbergen?
- Wie könnte der Mensch dahinter wohl aussehen?
- Welche Hautfarbe könnte er haben?
- Was gehört alles zu einem Gesicht?
- Ein Kind steht auf um die Nase auf dem Bild zu zeigen, jedes Kind zeigt seine Nase und tupft eventuell auch dem Nachbarn auf die Nase.
- Dasselbe dann wiederholen mit dem Mund usw.
- Warum verstecken sich die Menschen gerne hinter einer Maske?
- Habt ihr euch auch schon einmal hinter einer Maske versteckt?
- Was ist das für ein Gefühl?
- Bei welchen Berufen verstecken sich Menschen hinter einer Maske?
- Wozu brauchen sie eine Maske?
- Wie wirken die Menschen mit den Masken auf uns?

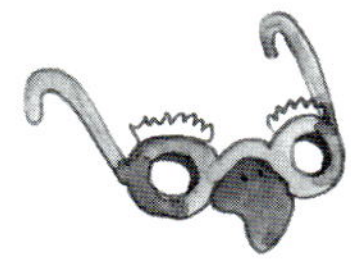

Abschluss – Transfer:
- Wann möchtet ihr am liebsten eine Maske tragen?
- Wovor wollt ihr euch schützen?

Die Kinder finden einen Namen für die Maske, jedes Kind einen eigenen. Anschließend malen sie Masken mit Wachsmalkreiden oder sie schminken ihr Gesicht zu einer Maske.

Schminksalon

Geschminkte Masken sind beweglich, sie lassen den Kindern mehr Bewegungsfreiraum und sind die optimale Ergänzung zu einem Kostüm.
Am Anfang sollten die Erwachsenen beim Schminken behilflich sein oder den Kindern vorher an einem Modell zeigen, wie sich eine spezielle Maske schminken lässt. Ansonsten gilt auch hier, die Kinder experimentieren zu lassen. Gerade jüngere Kinder mögen es zunächst

oft nicht, sich von anderen schminken zu lassen. Vielleicht genügt ihnen zu Anfang schon ein Tupfer auf die Nase.

Die Eröffnung eines Schminkstudios kann alleine schon zum Ereignis werden, wenn es mit entsprechender Spannung angekündigt wird! *Tipps:* Nassschminke eignet sich am besten, weil sie mit Wasser und etwas Seife gut abzuwaschen ist. Beim Schminken immer mit der Grundierung beginnen, die bei Nassschminke mit einem Schwämmchen aufgetragen wird. Danach erst die Formen und Details mit einem Schmink- oder normalen Haarpinsel malen.

Schminke gibt es in verschiedenen Preislagen in Spielwarengeschäften, in Drogerien, Parfümerien und bei Theaterausstattern. Mit nachfolgendem Rezept können Sie aber auch zum Spaß aller Beteiligten Schminke selbst herstellen.

Schminke selbst herstellen

Zutaten pro Schminkstift

1 Msp hautverträgliche und ungiftige Farbpigmente (in allen größeren Farbengeschäften – biologische ist in alternativen Läden zu bekommen), 1 TL Vaseline.

Gerät und Material zur Herstellung

Ein alter Topf, ein hitzebeständiger Behälter, Trichter, Herd oder Plattenkocher, Schaschlikstäbe, Papier, Kleber, Alufolie, Bleistift.

Vorbereitungsarbeit

Aus einem Papier ein 10 x 4 cm großes Stück zurechtschneiden und dieses dann um einen Bleistift wickeln. Dieses Röllchen zusammenkleben und ein Ende mit Alufolie umwickeln, so dass es ein dichtes Röhrchen gibt.

Herstellung der Schminkstifte

Vaseline im Wasserbad erwärmen, bis sie flüssig ist. Farbpigmente hinzugeben und mit dem Schaschlikstäbchen gut miteinander verrühren. Die Masse durch den Trichter in die vorbereiteten Papierröllchen füllen und sie aufrecht zum Festwerden in ein Glas geben. Am besten für 3-4 Stunden in den Kühlschrank stellen.

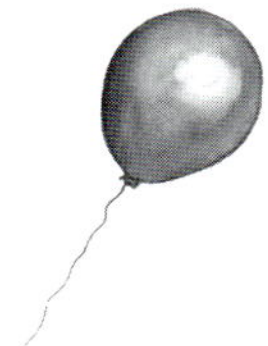

Hinweise: Falls Sie Stifte nur für die Lippen herstellen wollen, empfiehlt es sich, einzelne Tropfen Lebensmittelaromen (Backaromen) hinzuzufügen. Für jüngere Kinder ist das Herstellen der Röhrchen und das Einfüllen der heißen Schminke zu schwierig. Hier kann man auf alte kleine Cremedöschen ausweichen.

Das braucht man für ein Schminkstudio

Spiegel in allen Größen und Formen, Schminkumhang zum Schutz der Kleidung oder des Kostüms, Schminke in Stiftform und als Cremes, Puder, Schwämmchen zum Auftragen von Puder (Latexschwämmchen müssen gut angefeuchtet werden) eignen sich für glatte Flächen. Stoppelschwämmchen aus weichem Kunststoff eignen sich für besondere Effekte, wie Tierfell oder Bartstoppeln, dicke Pinsel zum Auftragen von Rouge und Puder bei größeren Farbflächen.
Schminkpalette zum Mischen der Farbtöne, Wattestäbchen zum Auftragen von kleineren Farbflächen oder zum Entfernen und Korrigieren ungewünschter Farbflecke, Wimpernbürste oder Zahnbürste zum Schminken für Augenbrauen, Wimperntusche für die Wimpern, Eyeliner nicht nur für die Augenkonturen, sondern auch zum Ziehen von Falten, zum Aufmalen von Spinnennetzen und dergleichen, Spezialeffekte wie Flitter, Schminke in Neon- und Leuchtfarben, Fettcreme zum Schutz der Haut.
Zum Abschminken: Vaseline, Niveacreme, spezielle Reinigungscreme, je nach Schminke reicht vielleicht auch Wasser und Seife oder Waschlotion, Watte oder Wattepads, Kindergesichtscreme zum Pflegen der strapazierten Haut.
Kinder darauf aufmerksam machen, dass spätestens vor dem Zu-Bett-gehen Haut und Haare einer gründlichen Reinigung und Pflege bedürfen.
Für Frisuren und Haarstyling: Starkes Haarspray, Haarschaum, Haargel, auch farbig oder mit Glitter, Toupierkamm.

Kinder schminken sich …

… als wilde Kerle

Material: Faschingsschminke oder selbst hergestellte Schminke, mehrere Spiegel

Durchführung: Mit den Kindern wird besprochen, wie die wilden Kerle im Gesicht aussehen, und wie sie selbst gerne als wilder Kerl aussehen möchten. Die Kinder schminken sich selbstständig. Anschließend können die „Wilden Kerle" auch als Rollenspiel aufgeführt werden!

… als Leopard

Augen grau und schwarz umranden. Gelbe Tupfer ins Gesicht verteilt, auf diese etwas Glitzerfarbe schminken.

… als Tiger

Gesicht gelb grundieren, weiße und schwarze Streifen darauf malen.

… als Affe

Augen und Mund weiß umranden. Danach Konturen in Schwarz ziehen. Auch eine Gesichtskontur in Schwarz. Innerhalb der Gesichtskonturen hellbraun ausmalen.

… als Schmetterling

Konturen des Schmetterlings mit farbigen Schminkstiften auf das Gesicht zeichnen. Von der Stirnmitte über die Nase bis zum Mund den Schmetterlingskörper in Braun oder Schwarz aufmalen. Die Flügel laufen über die Augen. Das Auge des Kindes ist Mittelpunkt der oberen Flügel. Bunt ausmalen. Fühler nicht vergessen.

Verkleidungsatelier

„Tante aus Amerika" – eine Verkleidungsidee für Erwachsene

Die „Tante aus Amerika" ist ein lustiger Überraschungsgast für die Kinder. Ein Erwachsener ist als Tante unter einem Sonnenschirm versteckt. Die Tante tanzt und wirbelt durch den Raum, schlank oder dick, mal im langsamen, mal im schnellen Wechsel. Sie kann groß und schlank sein, wenn sie den Schirm zuklappt und hochhebt, klein und dick, wenn sie sich beugt und den Schirm aufklappt. Durch die Ausgriffe in ihrem Stoffkleid wirft sie mit der freien Hand Kaugummi und Bonbons. Dieser Auftritt ist ein herrliches Schauspiel für große und kleine Zuschauer.
Die „Tante" herzustellen ist etwas aufwendig, aber einmal gemacht, kann dieser Gast zur beliebten Tradition in Ihrer Einrichtung über Jahre hinweg werden. Vielleicht können Sie die Herstellung auch engagierten Müttern übertragen, die sich die einzelnen Schritte teilen. Für den Auftritt selbst braucht es kein langes Üben oder Einstudieren.

Das braucht man

Für den Körper: großer Sonnenschirm, entsprechend viele Stoffbahnen, so dass sie über den Schirm drapiert eine Art Zelt bilden. Spitzen, Gardinen, oder Tüll für den Kragen. Band zum Zusammenbinden des Kleides und des Kragens.
Für den Kopf: Pappmaché, Luftballon, Malfarben.
Variante: Trikotstoff, Stoffmalfarbe, Kapok (Art von Baumwolle) oder anderes Füllmaterial, alte Perücke, ein großer Hut mit Schleife oder vielen Blumen dekoriert, Klebstoff.

So wird's gemacht

Stecken Sie den Sonnenschirm zum Gestalten in einen Schirmständer.
Herstellung des Kleides: Die Stoffbahnen müssen eine Länge haben, die den aufgespannten Schirm bis zum Boden bedecken. Es müssen so viele Stoffbahnen sein, dass der ganze Schirm zugehängt werden

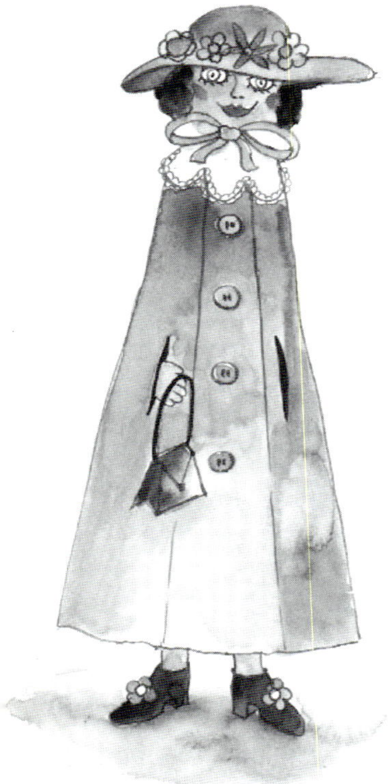

kann. Die Stoffbahnen zusammennähen. Seitlich, rechts und links auf „Taillenhöhe" einen Ausgriff frei lassen. Oben einen Kanal nähen, Band durchfädeln, zusammenziehen, zu einer Schleife binden und über den Schirm stülpen.
Aus Spitzen, Gardinen oder Tüll in der gleichen Weise einen Kragen nähen und über das Kleid legen.
Kopf aus Pappmaché: Pappmaché herstellen und über einen großen Luftballon kleistern, Nase, Mund, Kinn, Augenbrauen, Wangen, können Sie in künstlerischer Freiheit ausmodellieren. Trocknen lassen und anmalen, dabei auf richtigen Schminkeffekt achten. Also rote Lippen, Wangenrouge, blauer Lidschatten usw. Diesem Kopf eine Perücke und Hut aufsetzen und auf die Schirmspitze stecken oder kleben.
Variante – Kopf aus Trikotstoff: Gesicht in seitlichem Profil, etwas größer als ein normales Gesicht, auf Papier zeichnen, ausschneiden und als Schnittmuster auf den Trikotstoff legen. Mit Stecknadeln fixieren. Zweimal ausschneiden, einmal davon spiegelbildlich. Die Teile zusammennähen, umstülpen und ausstopfen. Mit Stoffmalfarben Gesicht aufmalen. Auf die Schirmspitze binden oder mit Klebstoff fixieren. Perücke und Hut aufsetzen. Besondere Schuhe und eine originelle Handtasche können das optische Bild der „Tante aus Amerika" noch vervollständigen.

Flügel für Elfen, Schmetterlinge, Engel und andere Fantasiegestalten

Das braucht man

Pappkarton, Stifte, Malfarben, Schere, Gummiband

So wird's gemacht

Doppelflügel in gewünschter Form auf den Karton aufzeichnen und nach Wunsch ausmalen. Trocknen lassen. In der Mitte ein Falz knicken. Über der Mitte rechts und links Löcher bohren und jeweils ein Gummiband anknoten. So eng, dass ein Kind mit seinen Armen durchkommt und das Gummiband aber stramm genug ist, um die Flügel zu halten.

Haarreifen mit Ohren oder Hörnern für Tiere und Fabelwesen

Das braucht man

Haarreif, Pelzimitat oder Samt, Filz, Nadel, Faden, Schere, Maßband, Textilkleber. Für ein Schnittmuster Papier und Bleistift, Füllmaterial für die Hörner: Schaumstoff oder Watte. Der Materialbedarf muss dem entsprechenden Maskenwunsch angepasst werden.

So wird's gemacht

Länge und Breite des Haarreifs messen und Stoffstreifen doppelt so breit ausschneiden. Den Streifen um den Haarreif legen, entweder zusammennähen oder mit Textilkleber ankleben. In die Innenseite des Haarreifs können Sie einen Filzstreifen kleben.
Für die Ohren und Hörner ein Schnittmuster auf das Papier zeichnen, auf den Stoff legen und ausschneiden. Für jedes Ohr/Horn brauchen Sie zwei Teile, die Sie dann zusammennähen, umstülpen und auf den Haarreif nähen.
Während die Ohren durch den doppelten Stoff gut stehen, müssen die Hörner mit Schaumstoff oder geknülltem Papier gefüllt werden.
Variation: Diese Ohren lassen sich auch nur aus Haarreif und Papier herstellen.

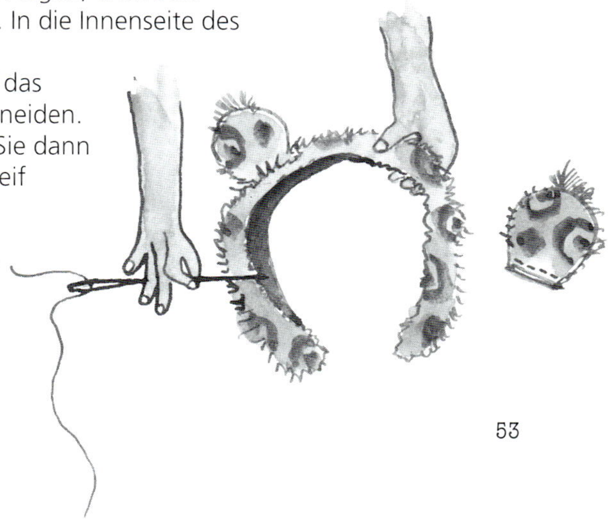

Schwanz für wilde Kerle und andere gefährliche Tiere

Das braucht man

Alte schwarze, braune oder graue Kinderstrumpfhose. Schere, Gummiband, Zeitungspapier, Filz oder andere Stoffe, Nähzeug.

So wird's gemacht

Ein Strumpfhosenbein abschneiden und mit Zeitungspapier ausstopfen. Die offene Seite verknoten. Schwanz mit Sicherheitsnadel feststecken oder am Kostüm annähen. Aus dem Filz oder Stoff Flicken ausschneiden und mit Textilkleber auf den Schwanz kleben.

Dekorierte Hüte

Das braucht man

Alte Hüte in allen Variationen, ausrangierte Seidenblumen und Modeschmuck, Tüll, Nieten, Leder, Schlangenimitat, Fellreste, Bänder, Bast, Wolle, Federn, usw., Nähzeug und Textilkleber, Schaumstoffband (Tesamoll).

So wird's gemacht

Die meisten Hüte werden den Kindern zu groß sein, deshalb innen den Rand mit Schaumstoffband bekleben. Die Hüte werden nach Lust und Laune dekoriert. Einige Teile können aufgeklebt, bestimmte Materialien müssen aufgenäht werden, was größere Kinder in jedem Fall können.
Bei Strohhüten lassen sich in die Löcher Bänder einbinden, oder Fransen anknoten. An alle Hüte lassen sich Haare ankleben oder nähen, – entweder aus Wolle oder Bast, offen getragen oder in Form von geflochtenen Zöpfen.
Die fertigen Hüte finden ihren Einsatz bei einem Kostümfest, bei einem Hutfest, auch bei einem Sommerfest und zur Dekoration an den Wänden.

Panzer für Tiere, Ritter und Fabelwesen

Das braucht man dazu

Eierkartonböden (aus Pappmaché), Silberspray, Farben und Pinsel, Verzierungsmaterial, je nach Maskierungswunsch, Borten oder Bänder für Träger und für die Taillenfixierung, Kleber, Tacker oder Klebepistole.

So wird's gemacht

Bevor die Kartons bemalt und verziert werden können, muss eine Anprobe erfolgen. Bei dreijährigen Rittern reicht vermutlich ein Eierkartonboden für das Vorderteil und einer für den Panzerrücken. Je nach Rumpfgröße des Kindes können aber auch zwei Kartons (oder mehr) für

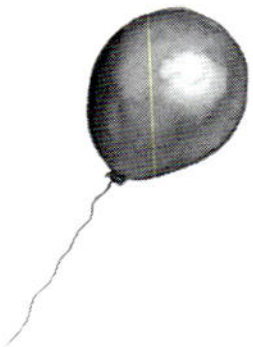

das Vorderteil und zwei Kartons (oder mehr) für den Rücken entsprechend so ineinander gesteckt und an den Seiten beschnitten werden, dass sie gut angepasst sind. Die ineinander gesetzten Teile kann man einfach zusammen tackern oder mit der Klebepistole fixieren. Anschließend die Kartons silberfarben besprühen und nach Wunsch verzieren. Nach dem Trocknen der Farbe oben auf der Innenseite Träger ankleben, die über die Schulter gehen. In Höhe der Taille werden seitlich Löcher in die Pappe gestochen, in jedes Loch ein Band geknotet, womit dann das Vorderteil mit dem Rückteil zusammen gebunden wird.

Schmuck

Popcornkette
Diese dürfte wohl nur für kurze Zeit ihren Träger schmücken, zu verlockend ist es, davon zu naschen. Jedes Kind fädelt sich mit Zwirn und Nadel ausgestattet eine beliebig lange Kette auf, deren Enden verknotet werden.

Ketten aus Naturmaterial
Auf naturfarbenem Bast werden beliebige Naturmaterialen wie beispielsweise Strohhalmstücke, Bambusstücke, Korkscheiben aufgefädelt. Federn, Muschelschalen (möglichst mit Loch), Keramikperlen werden mit Hilfe eines Bindfadens am Bast befestigt. Ist die Kette entsprechend lang, werden die Enden verknotet.

Raumgestaltung

Für Kinder gehören Luftballons und Girlanden zum Fasching. Darüber hinaus wird die Raumgestaltung bewusst auf das gewählte Thema abgestimmt. Die folgenden Dekorationsvorschläge sind abwandelbar und vielseitig einzusetzen. So kann die Papierblume im „Land der wilden Kerle“ genauso blühen, wie im Dschungel. Edel blüht sie in Weiß beim „Weißen Fest“ und bunt schmückt sie die Zirkuskulissen.

Papierblumen

Blumen aus Krepppapier sind äußerst dekorativ und relativ schnell herzustellen.

Das braucht man

Krepppapier in bunten Farben für die Blüten, grünes Krepppapier für Stiel und Blätter, weißes Seidenpapier für Staubfäden, Blumendraht in etwas stärkerer Qualität, Klebstoff, Klebeband, Schere.

So wird's gemacht

Von einer Rolle Krepppapier einen etwa 15 cm hohen und 1,50 m breiten Streifen abschneiden. In einer Faltbreite von etwa 10 cm ziehharmonikaartig falten. Mit der Schere oberen Teil zur Blütenform abrunden. Es entsteht eine Blütengirlande. Für die Staubfäden ein 30 cm x 15 cm großes Seidenpapier zurecht schneiden. Über die ganze Länge im Abstand von 1 cm ca. 10 cm lange Einschnitte machen, so dass ein Bund stehen bleibt. Streifen mit der eingeschnittenen Seite nach oben um Blumendraht wickeln. Das Ende mit einem Tropfen Kleber versehen und fixieren. Mit Klebeband Staubgefäße am Blumendraht befestigen. Blütenblätter-Girlande um die Staubgefäße wickeln. Ende mit Kleber versehen und fixieren. Stiel mit grünem Krepppapier umwickeln. Blätter aus Krepppapier schneiden und am Stil befestigen.

Bananenstaude

Eine Bananenstaude, in der Bananen für das gemeinsame Picknick hängen und sich Affen tummeln, darf auf keiner Dschungelparty fehlen.

Das braucht man

Viele große Pappröhren, Tesakrepp, braunes und grünes Krepppapier, Kleber, Blumendraht, Staude Bananen, Stofftier, einen mit Sand gefüllten Eimer.

So wird's gemacht
Mehrere Pappröhren als Stamm des Bananenbaums aneinander und übereinander kleben, indem man die einzelnen Röhren mit Kreppklebeband fixiert. „Stamm“ mit braunem Krepppapier umhüllen. Lange Blätter, die bis zur Zimmerdecke reichen, aus grünem Krepppapier schneiden. Ränder mit Blumendraht verstärken, dabei Papierkante mit etwas Kleber versehen und über den Draht kleben. Blätter in die oberen offenen Röhren stecken. Einzelne Blätter können auch an der Zimmerdecke oder an einem von der Decke hängenden Netz befestigt werden. Bananenstaude am Stamm befestigen, Stofftier ins Blattwerk setzen und gesamtes Werk in einen mit Sand gefüllten Eimer stecken.

Krokodil

Was wäre der Dschungel ohne einen richtigen Fluss, in dem Krokodile an der Wasseroberfläche faulenzen?

Das braucht man
Je einen 6er- und 10er-Eierkarton, weiße Pappe, Cromarfarben in Grün, Rot, Schwarz und Weiß, Kleber, Nadel und Wollfaden, Schere.

So wird's gemacht
Für den Krokodilkörper großen Eierkarton außen grün anmalen. Für den Kopf kleinen Karton an der zusammenhängenden Seite auseinanderschneiden. Verschlusslasche abschneiden. Beide Teile außen grün und nach dem Trocknen innen rot anmalen. Aus der weißen Pappe langen Schwanz schneiden und von beiden Seiten grün anmalen. Schwanz an den Körper kleben. Aus einem ca. 3 cm breiten Streifen weißer Pappe spitze Zahnreihe herausschneiden und in das Maul kleben. Augen mit weißer und schwarzer Farbe aufmalen. Kopf und Körper mit Hilfe von Nadel und Wollfaden gemäß der Abbildung miteinander verbinden.

Gras-Exote

Diese Tisch- und Raumdekoration begeistert durch ihre Originalität. Allerdings müssen Sie rechtzeitig vor dem Fest damit beginnen. Es dauert ca. zwei Wochen, bis die grüne Haarpracht aus Gras voll entfaltet ist.

Das braucht man
Braunen Nylonstrumpf, Grassamen, Sägespäne (Schreinerei), Bindfaden, Wackelaugen, Kleber, Schere, Wasserglas.

So wird's gemacht
Vom Strumpf Fußteil abschneiden, Grassamen in Strumpfspitze geben, Strumpf mit Sägespäne füllen, mit Bindfaden Öffnung zubinden, Ohren und Nase abbinden, Wackelaugen aufkleben. Kopfüber in ein ausreichend großes Wasserglas stellen. So lange belassen, bis das Gras zu sprießen beginnt. Kopf umdrehen, andersherum in das Wasserglas setzen damit sich die Sägespäne voll saugen können. Immer wieder Wasserstand prüfen und gegebenenfalls nachfüllen. Der Kopf sollte ungefähr zu einem Drittel im Wasser stehen!

Spielekiste

Spiele sind das tägliche Leben der Kinder. An Karneval erwarten sie jedoch Außergewöhnliches. Wir haben spannende, lustige, poetische und abenteuerliche, traumhafte und wilde Spiele in unserer Spielekiste verpackt. Für jede Stimmung ist gesorgt, öffnen Sie die Kiste und packen Sie aus!

Warum der Schnee dem Schneeglöckchen nicht schadet – ein Einstieg zum „Weißen Fest"

Alle Dinge hatten schon ihre Farbe, die Erde war braun, das Gras grün, die Rose rot, der Himmel blau, die Sonne golden. Nur für den Schnee war keine Farbe mehr geblieben. Da entschloss er sich, die anderen zu bitten, ihm von ihrer Farbe abzugeben.

Zuerst ging er zur Erde. „Gib mir ein wenig von deiner braunen Farbe!", bat der Schnee. Die Erde aber schlief und antwortete nicht. Da ging der Schnee zum Gras. „Gras, gib mir ein wenig von deiner grünen Farbe!", bat er. Das Gras aber war geizig und tat, als höre es nicht.
Da begab sich der Schnee zur Rose und sprach: „Gib mir ein bisschen rote Farbe!" Doch die Rose wandte sich stolz zur Seite.
„Hast du ein wenig blaue Farbe übrig?", rief nun der Schnee dem Himmel zu. Der Himmel aber war weit und hörte ihn nicht.
Auch die Sonne bat der Schnee vergeblich, ihm von ihrer goldenen Farbe etwas abzugeben, denn die Sonne ging gerade unter und hatte keine Zeit mehr zu antworten.
So musste der arme Schnee unverrichteter Dinge weitergehen. Schließlich blieb er vor einem bescheidenen weißen Blümchen am Waldrand stehen. „Könntest du vielleicht ein wenig von deiner schönen Farbe entbehren?", fragte er. Und die Blume antwortete: Warum nicht? Nimm doch soviel du brauchst!
So bekam der Schnee seine weiße Farbe, und bis zum heutigen Tag ist er weiß geblieben.
Die bescheidene Blume vom Waldrand aber, die heute auch in unseren Gärten blüht, heißt seither Schneeglöckchen, und ihren Blüten allein fügt der Schnee aus Dankbarkeit keinen Schaden zu.

Wilde-Kerle-Stabfiguren

Das braucht man

Plakatkarton oder Karton von Schachteln, Scheren, Malfarben und Pinsel, Blumenstäbe, Tesakreppband, 1-2 blaue Plastikmüllsäcke, Räucherwerk, Topf aus der Puppenküche.

Basteln der Figuren und Spielvorschlag

Nachdem die Kinder das Märchen gehört haben, zeichnen sie ihren „wilden Kerl" auf Karton und schneiden ihn aus. Mit kompakten Farben und dicken Pinseln malen sie die ausgeschnittene Silhouette aus. Auf der Rückseite der Figur wird ein Blumenstab mit einem Tesakreppband als Führungsstab angeklebt. Im selben Verfahren werden das Schiff und die Mutter von Max hergestellt. Die Mutter erscheint

zwar nur kurz im Text des Bilderbuches. Erfahrungen aus der Praxis zeigen aber, dass sich die Kinder die Mutterfigur zum Spielen unbedingt wünschen.
Der Wald, der im Zimmer von Max wächst, wird auf ein oder zwei Plakatkartons gemalt, die beim Spielen des Märchens langsam von unten auf die Bühne geschoben werden. An der Textstelle, wo sich der Wald lichtet und das Boot und das Meer erscheinen, schieben die Kinder langsam das Boot auf die Bühne. Das Meer lässt sich sehr effektvoll mit blauen Plastikmüllsäcken darstellen. Der Müllsack wird quer über die Bühne an den beiden Enden gehalten und hin und her bewegt. Im Märchen heißt es, dass das Essen „noch warm" auf dem Tisch stand, als Max wieder zu Hause angekommen war. Dazu stellt man Räucherwerk in einen kleinen Topf (aus der Puppenküche), so dass auf der Bühne noch der Dampf des warmen Essens zu sehen ist.

Ich packe meinen Rucksack

Bevor sich die Kinder auf die Dschungelexpedition begeben, müssen sie natürlich noch einige Dinge einpacken, die sie für den Dschungel benötigen. Vor Spielbeginn sammeln Sie dazu Beiträge der Kinder, damit der anschließende Spielablauf nicht ins Stocken gerät. Spielregel: Die Kinder stehen im Kreis. Das erste Kind, beispielsweise Fritz, beginnt und sagt: „Ich packe meinen Rucksack und packe eine Wasserflache ein. Dazu stellt er pantomimisch das Trinken aus der Wasserflasche dar. Nun wiederholen alle Kinder das, was Fritz gesagt und dargestellt hat. Das nächste Kind, Maria, fährt fort: „Und ich packe feste Schuhe ein.". Dazu stellt sie pantomimisch das Schuheanziehen dar. Alle wiederholen und spielen nun das, was ihnen Fritz und Maria vorgemacht haben. Das nächste Kind ist an der Reihe, etwas einzupacken. Wenn auch das letzte Kind eingepackt hat, ist der Rucksack voll und das Spiel zu Ende.

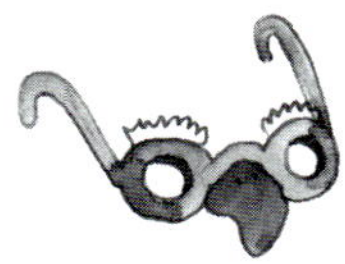

Dschungelexpedition

Dieses Spiel eignet sich für große Gruppen und stimmt auf das bevorstehende Fest ein. Es handelt sich um eine Mitmachgeschichte, zu der alle pantomimisch spielen und/oder die Geräusche nachahmen.

Geschichte

Ich lade euch heute zu einer Expedition in den afrikanischen Dschungel ein. Sicher habt ihr Lust mich zu begleiten. Bevor wir jedoch losfliegen, müssen wir noch unsere Ausrüstung und Kleidung einpacken! (Anmerkung: Hier eignet sich das Spiel „Ich packe meinen Rucksack". Sie können aber auch die von den Kindern genannten Ausrüstungsgegenstände und Kleidungsstücke aufgreifen und dies pantomimisch darstellen).

So nun haben wir unseren Rucksack gepackt. Am Flughafen haben wir unser Gepäck aufgegeben und können nun mit dem Jumbojet losfliegen (Arme ausbreiten, Motorengeräusch). In Afrika gelandet, fliegen wir mit einer kleinen Propellermaschine weiter (Fliegen andeuten, lautes Motorengeräusch). Oh je, wir geraten in ein Gewitter, Blitze zucken vom Himmel (Zickzackbewegungen in die Luft malen). Die Maschine schwankt bedenklich (schwanken). Gott sei Dank, das Gewitter zieht ab und wir können sicher landen. Die Bewohner des kleinen Dorfes am Rande des Dschungels erwarten uns schon. Sie stimmen zu unserer Begrüßung ein Lied an (z.B. Atte katte nuwa). Zu unserer Erfrischung reichen sie uns einen köstlichen Fruchtsaft (trinken) und verabschieden uns dann (winken). Wir haben noch einen weiten Weg vor uns. Noch bevor die Nacht hereinbricht, wollen wir unser Lager am Fluss aufschlagen. Wir marschieren los (auf der Stelle gehen). Dichtes Blattwerk versperrt uns den Weg. Wir ziehen unser Buschmesser aus dem Schaft und schlagen Äste und Blätter ab (ausholende Bewegungen). Es ist schwül, der Schweiß tropft von der Stirn. Wir wischen ihn ab (mit dem Handrücken über Stirn wischen). Müde geworden vom langen Marsch, machen wir Rast unter einem hohen Baum (hinsetzen). Nun bemerken wir, wie laut der Urwald ist. Vögel zwitschern (imitieren von Vogelstimmen), Affen kreischen (kreischen), Wespen summen (summen) und in der Ferne hören wir das Brüllen eines Tieres (verhaltenes Brüllen). Wir nehmen nochmals einen kräftigen Schluck aus der Wasserflasche (trinken), bevor wir uns auf den weiteren Weg machen (aufstehen). Wir wandern weiter (gehen) und nach kurzer Wegstrecke versinken wir mit unseren Füßen im Morast (Füße langsam hochziehen). Vor uns liegt eine tiefe Schlucht. Wir müssen auf die andere Seite. Eine Hängebrücke führt darüber. Wir gehen vorsichtig, einen Fuß langsam vor den anderen setzend,

über die schwankende Brücke (Balancierbewegungen nachahmen). Geschafft, wir haben die gegenüberliegende Seite der Schlucht erreicht. Wir gehen durch hohes Gras (Beine hochziehen). Wieder versperrt uns dichtes Gebüsch den Weg. Wir holen unser Buschmesser hervor und schlagen uns einen schmalen Pfad frei (ausholende Bewegungen). Zweige hindern uns am Durchkommen. Wir schieben sie zur Seite. Da, oh Schreck, (Pause, um die Spannung zu erhöhen), schauen wir in ein Paar große leuchtend gelbe Augen und in ein weit aufgesperrtes Maul. Wir schreien so laut wir können (schreien) und rennen davon (auf der Stelle laufen), schieben die Zweige zur Seite und rennen so schnell wir können zur Hängebrücke und sehen uns immer wieder ängstlich um (Kopf wenden). Wir gehen schwankenden Schrittes über die Brücke (Balancierbewegungen machen), hören das Konzert der Dschungeltiere (Tiergeräusche Affen, Vögel, Wespen) und hören in der Ferne das Brüllen eines Tieres (Geräusch nachahmen). War es das wilde Tier, dem wir begegnet sind? Wir wissen es nicht. Der Schweiß rinnt uns von der Stirn. Vor uns wächst dichtes Gebüsch, doch wir erkennen den Pfad, den wir uns beim Hinweg geschlagen haben. Wir schieben die Zweige zur Seite und sehen unser Dorf. Wir sind gerettet! Erleichtert stimmen wir in das Lied der Dorfbewohner ein, das aus der Ferne zu uns herüber klingt (gemeinsames Singen).

Schlangengrube

In der Schlangengrube ringeln sich viele Schlangen, aber nur eine davon ist giftig. Welches Risiko geht der Schlangenfänger ein? Ein spannendes Spiel, bei dem jeder seinen Mut beweisen kann.

Das braucht man
Schlangen aus Fruchtgummi, Teller.

Spielregel
Der Spielleiter stellt einen mit ca. sechs Fruchtgummischlangen belegten Teller in die Kreismitte. Ein Kind verlässt als „Schlangenfänger" den Raum. Ein anderes bestimmt nun, welche der Schlangen giftig ist und nicht berührt werden darf. Das Kind wird hereingerufen und

darüber informiert, dass eine der Schlangen giftig ist. Es darf so viele einsammeln, wie es will und diese behalten. Sollte es aber die giftige Schlange berühren, muss es alle bis dahin eingesammelten Schlangen wieder auf den Teller zurücklegen. Berührt es die Giftschlange, stoßen die anderen Kinder Warnschreie aus.

Donna Esmeralda mit ihrer Löwengruppe

Unter dem Beifall der Zuschauer schreitet Donna Esmeralda in die Manege. Sie verbeugt sich nach allen Seiten vor ihrem Publikum. In der Hand trägt sie einen Stock und eine Peitsche. Dreimal knallt sie mit der Peitsche, das Zeichen für die Löwen, in die Manege zu laufen. Mit Stock und Peitsche dirigiert Donna Esmeralda die Raubkatzen auf die vorbereiteten Podeste. Sie stellt die Löwen einzeln mit ihren Namen vor und knallt dabei jedes Mal zuvor mit der Peitsche. Das ist für die Löwen die Aufforderung, Männchen zu machen. Ein Löwe, Simba, ist jedoch unruhig, er faucht und kann erst nach mehreren Versuchen dazu gebracht werden, sich auf die Hinterbeine zu stellen. Die Löwen zeigen noch ihr weiteres Können und drehen sich nacheinander im Kreise. Dann folgt der absolute Höhepunkt. Nach einem Trommelwirbel bittet der Zirkusdirektor um absolute Stille beim Publikum. Donna Esmeralda geht zu Simba, dem aggressivsten Löwen, legt Stock und Peitsche zur Seite und steckt todesmutig die Hand in das Maul des Löwen. Der Löwe beißt nicht zu! Tobender Beifall des Publikums. Dann springen die Raubkatzen durch einen Hula-Hupp-Reifen und die Nummer ist beendet.

Der superschlaue Elefant

Ein Elefant, der tanzen und auch rechnen kann, ist schon eine Sensation und ein großer Spaß für die Zuschauer im Zirkus.

Das braucht man

Gitarrentasche aus Stoff, ausgestopft mit geknülltem Zeitungspapier, große graue Decke, Sicherheitsnadeln, grauen und schwarzen Filz, Schnur mit Quaste, doppelseitiges Klebeband und Moonboots für die Kinderfüße.

So wird's gemacht

Die Gitarrentasche bildet das Gerüst für den Elefantenkopf mit Rüssel. An den oberen Teil der Tasche seitlich rechts und links Ohren und auf der Vorderseite Augen aus Filz mit doppelseitigem Klebeband befestigen. Eine große graue Decke wird mit Sicherheitsnadeln an der Gitarrentasche befestigt. Eine Schnur mit Quaste wird als Schwanz an der Decke angebracht. Zwei Kinder finden unter der Decke Platz. Ein Kind steht und hält mit beiden Händen die Gitarrentasche, also den Elefantenkopf. Das andere umfasst die Hüften des Vordermannes und hält seinen Rücken gebeugt. An den Füßen tragen die Kinder Moonboots. Der Direktor kündigt den superschlauen Elefanten wort- und gestenreich an. Vom Dompteur begleitet, trabt der Elefant langsam in die Manege. Nun fordert der Dompteur das Publikum auf, einfache Rechenaufgaben zu stellen, bei denen höchstens ein Ergebnis von Zehn herauskommt. Der Elefant stampft das Ergebnis mit dem rechten oder linken Vorderfuß auf den Boden. Um die Zuschauer zu prüfen, darf er sich auch einmal verrechnen. Mit Trommelwirbel wird der Höhepunkt eingeleitet. Der Dompteur legt sich auf den Boden. Der Elefant steigt über ihn weg. Nun fordert der Dompteur einen mutigen Zuschauer auf, es ihm gleichzutun. Der Mitspieler legt sich ebenfalls auf den Boden, der Elefant steigt über ihn und pinkelt (Wasserpistole) ihn zur Freude aller Zuschauer voll. Der Dompteur entschuldigt sich gestenreich für den peinlichen Zwischenfall. Zum Abschluss wagt der Elefant noch ein Tänzchen zu ausgewählter Musik vom Band.

Clownnummer

Schon das Verkleiden und Schminken als Clowns bereitet den Kindern viel Spaß. Eine rote Knollennase, weiße Schminke, ein großer Mund, eine struppige Perücke, zu große Hosen und Schuhe stimmen die Kinder aufs Spaßmachen ein. Meist denken sich die Kinder selbst eine Clownnummer aus. Deshalb hier nur ein paar Anregungen:

Tauziehen

Zwei Clowns ziehen an einem Seil. Sie streiten und plagen sich. Mitten in der größten Anstrengung schleicht sich ein dritter Clown heran und schneidet mit einer großen Schere das Seil durch. Beide fallen mit viel Geschrei auf die Nase.

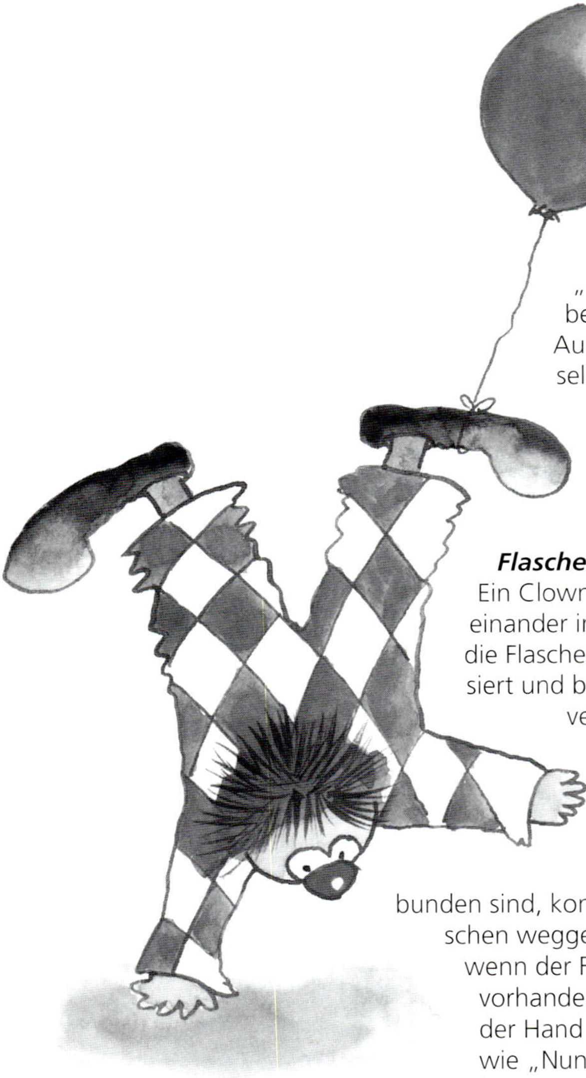

Der Clown mit der guten Nase

Der kleine Clown fragt den großen Clown: „Kennst du Seife?" „Klar!" „Kennst du Knoblauch?" „Klar!" „Kennst du Rosen?" „Klar!" Was der kleine Clown auch fragt, der große kennt alles. „Kannst du auch alles blind riechen?" „Klar!" behauptet der große Clown. Ihm werden die Augen verbunden, und der andere stellt eine Schüssel mit Wasser auf den Tisch. Der große Clown soll schnuppern, riecht aber natürlich nichts. Der kleine Clown rät ihm, noch näher ranzugehen, und gibt ihm einen Schubs – die Nase landet im Wasser.

Flaschensteigen

Ein Clown baut etwas umständlich sechs Flaschen hintereinander im Schrittabstand auf und steigt mehrmals über die Flaschenreihe. Ein Harlekin betrachtet das Ganze amüsiert und bemerkt, dass das alles doch babyleicht sei. Nun verkündet der Clown, dass man die Aufgabe auch schwieriger gestalten kann. Es geht darum, mit verbundenen Augen über die Flaschen zu steigen und keine dabei umzustoßen. Der Clown wendet sich an das Publikum und bittet um eine mutige Person. Erst wenn die Augen verbunden sind, kommt der eigentliche Gag. Heimlich werden die Flaschen weggeräumt und die Zuschauer amüsieren sich darüber, wenn der Flaschensteiger über Flaschen steigt, die gar nicht vorhanden sind. Dabei kann der Clown den Mitspieler an der Hand führen und ihm angeblich helfen durch Sprüche wie „Nun aber einen ganz großen Schritt – Stopp, der Schritt ist zu klein, oh Gott, die Flasche wäre beinahe umgefallen, toll, dass du das geschafft hast!" Das verdutzte Gesicht des Mitspielers ist am Ende dieser Übung gewiss und ein tosender Beifall tröstet über den Scherz hinweg.

Der starke August
An den beiden Enden eines Besenstiels werden gleich große quadratische Pappkartons befestigt, die zuvor schwarz angemalt wurden. Der starke August versucht mühsam, das Gewicht hochzuheben. Da kommt ein Clown und nimmt es einfach unter den Arm.

Flohzirkus

Mister Jonny mit seiner einmaligen Flohzirkusschau wird angekündigt. Er stellt eine leere Schachtel auf einen Tisch. Dann lässt er die in der Schachtel befindlichen, in Wirklichkeit aber nicht vorhandenen Flöhe ihre Kunststücke vorführen. Während einer der Flöhe einen Salto vollführt, verfolgt Jonny dies mit den Augen. Mit Trommelwirbel wird der absolute Höhepunkt eingeleitet: Der dreifache Salto von Floh Bertram. Plötzlich fehlt ein Floh und wird bei einem Zuschauer wieder gefunden. Zum Schluss spannt Mister Jonny einen Faden zwischen beide Hände und lässt die Flöhe Seiltanzen. Wenn Mister Jonny überzeugend wirkt, glauben die Zuschauer an Flöhe und beginnen sich bald zu kratzen.

Hassan, der Schlangenbeschwörer

Als Attraktion lässt Hassan zu orientalischer Musik die „Schlange" tanzen. Er sitzt mit einer Flöte im Schneidersitz auf dem Boden. Vor sich hat er einen Korb mit der Schlange, die ein Tuch bedeckt. Ein Nylonfaden, der am Kopf der Schlange und am Ende der Flöte befestigt ist, macht den Schlangentanz möglich. Der Schlangenbeschwörer nimmt seine Flöte, spielt darauf und zieht sie mit s-förmigen Bewegungen in die Höhe. Die Schlange folgt ihm nach.

Das braucht man
Eine ausgediente Krawatte, Filzreste, Füllwatte, Pappröhre (3 cm im Durchmesser), Reste von Geschenkpapier, Nylonfaden (45 cm) Nähnadel, Nähgarn, Knöpfe oder Wackelaugen, Schere, Zackenschere, Kleber, Glitterglue, Kochlöffel, Stecknadel.

So wird's gemacht
Füllwatte in kleine Flocken zupfen und Krawatte mit Hilfe eines Kochlöffels ausstopfen. Krawatte an den Öffnungen zunähen. Zunge aus rotem Filz schneiden und mit Kleber an den Schlangenkopf kleben. Mit Zackenschere einfache Formen wie Kreise, Dreiecke, Rechtecke ausschneiden und auf den Rücken der Schlange kleben. Wackelaugen oder Knöpfe als Augen ankleben. Für die Flöte Papppröhre mit Geschenkpapier bekleben und mit Glitterglue Flötenlöcher und Verzierungen auftragen. Mit der Nadel Nylonfaden am Schlangenkopf befestigen und an der Flötenspitze mit der Stecknadel feststecken.

Suleika, die Bauchtänzerin

Vor allem türkische Mädchen beherrschen den Bauchtanz und sorgen auch für die passende Musikauswahl und das entsprechende Kostüm. Suleika (oder Name des Mädchens) tanzt mit bunten Chiffontüchern am Rock durch die Menge. Nach und nach wirft sie die Tücher ins Publikum. Wer ein Tuch fängt, tanzt mit.

Hula-Hoop

Der Zirkusdirektor kündigt eine Truppe aus Hawaii an. „Hochverehrtes Publikum, jetzt werden wir Sie für kurze Zeit nach Hawaii entführen. Begrüßen wir mit einem kräftigen Applaus unsere Truppe aus Hawaii." Dunkel geschminkte Mädchen und Jungen mit Blumenketten und Blumenkränzen laufen in die Manege. Sie treiben einen Hula-Hoop-Reifen vor sich her. Zu entsprechend exotischer Musik führen sie ihre Kunststücke mit dem Reifen vor. Sie lassen den Reifen um die Hüfte, dann oberhalb der Kniekehlen kreisen. Ein Trommelwirbel kündigt den Höhepunkt an. Einer der Artisten tritt vor und bekommt von einer Assistentin kleine Pappreifen gereicht, die er um die Handgelenke kreisen lässt, während sich der Hula-Hoop-Reifen um die Hüfte bewegt. Am Ende stellen sich alle in eine Reihe und heben ihre Reifen hoch. Eine kurze Verbeugung nach allen Seiten beendet die Vorstellung.

Musik- und Tanzstudio

In unserem Studio finden Sie Lieder, Tänze sowie Anleitungen zur Herstellung von Musikinstrumenten. Auf Angaben zu Discomusik haben wir bewusst verzichtet. Ihre Kinder sind bestimmt auf dem neuesten Stand und bringen ihre Hits selbst mit.

Der Fasching ist da

Hereinspaziert

Text: Rolf Krenzer, Musik: Ludger Edelkötter

Räbete, räbete, pläm pläm pläm

aus der Schweiz

2. Rabäte, rabäte, kling, kling,
kling, kling, kling, klingeling.
Rabäte, rabäte, kling, kling, kling.
Die Musik ist da.

3. Rabäte, rabäte, tschin, tschin, tschin,
tschin, tschin, tschindara …

4. Rabäte, rabäte, bum, bum, bum,
bum, bum, bumbum …

Rums dideldums

Text: Karola Wilke, Musik: Wolfgang Stumme

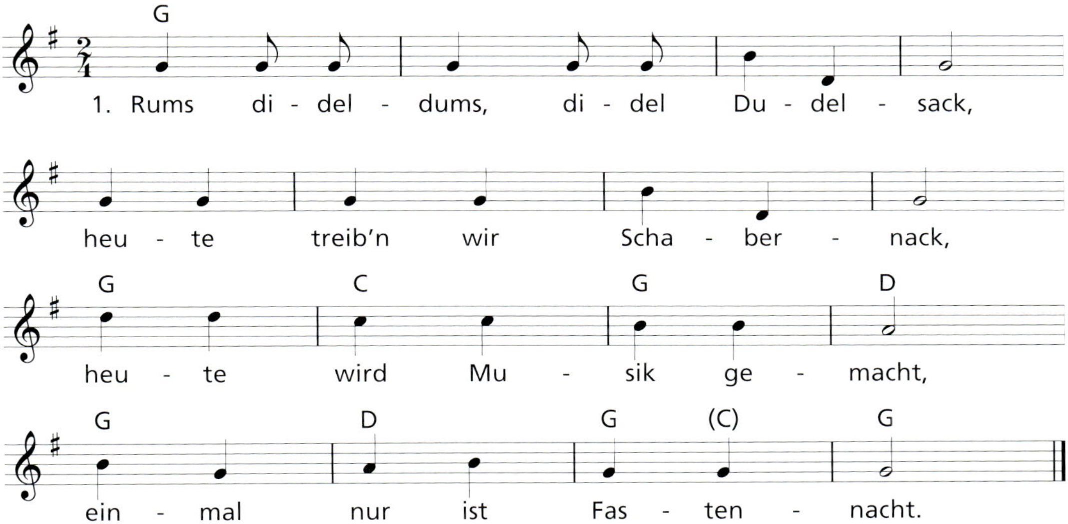

2. Rums dideldums didel Fidelbogen,
heute wird durchs Dorf gezogen.
Keiner soll uns Narren kennen,
uns bei unserem Namen nennen.

3. Rums dideldums didel Paukenschlag
ab morgen zähl'n wir jeden Tag,
bis das alte Jahr verklingt
und die neue Fastnacht bringt.

Krachmachersong

Text: Rolf Krenzer, Melodie: Englisches Kinderlied

Verklanglichung der „Wilde-Kerle"-Geschichte

Eine Verklanglichung dieser Geschichte ist besonders sinnvoll, weil es ja um das Lärmen und Toben geht. So wie die Kinder die Figuren beim Stabfigurenspiel selbst führen und die Geschichte eigenständig zum gesprochenen Text spielen können, kann das Stück auch selbst von den Kindern vertont, also mit Geräuschen untermalt werden. Die Orff- und Geräuschinstrumente werden in die Mitte gelegt und nacheinander ausprobiert. Die Kinder entscheiden selbst, welche Instrumente für die Geräuschkulisse verwendet werden. Hierzu gibt es mehrere Möglichkeiten: Entweder wird die Geschichte von den Kindern zur Erzählung des Erwachsenen vertont oder es wird das Stabfiguren-, Schatten- oder Rollenspiel der Kinder mit Klängen und Geräuschen untermalt. Es ist für Kinder ein besonderes Erlebnis, gerade an den Stellen der Geschichte, wo Max die wilden Kerle Tag und Nacht Krach machen lässt, mit selbstgebauten Geräuschinstrumenten zu spielen. Deshalb gleich einige Anregungen zur Herstellung einfacher „Krachinstrumente":

Herstellen von Rasseln und Saiteninstrumenten

Rasseln aus Glühbirnen: Um eine ausgediente Glühbirne wird Pappmachée gekleistert. Nach dem Trocknen dürfen die Kinder diese nach eigenen Ideen bunt bemalen. Ist die Farbe trocken, müssen die Glühbirnen heftig auf den Tisch aufgeschlagen werden. Das Glas im Innern zerspringt und fertig ist die Rassel.
Rassel aus Jogurtbecher: Der Jogurtbecher wird mit Material, wie z. B. Reis, Steinchen, Nudeln gefüllt. Aus einer bunten Klebefolie schneiden die Kinder runde Deckel etwa zwei Zentimeter größer als die Becheröffnung aus. Vom Rand nach innen wird nun im Abstand von ca. 3 cm eingeschnitten, die entstandenen Laschen angedrückt und am Becher festgeklebt.
Rasseln aus Papierrollen: Rollen von der Haushaltsrolle oder von Toilettenpapier werden wie die Jogurtbecher gefüllt, verschlossen und verziert.
Saiteninstrumente: Sammeln Sie kleine Kartons, Dosen, Seifenschachteln, Zigarrenkistchen u. Ä. Für größere Instrumente nimmt man

Schuhkartons oder Waschmitteltrommeln. An den Rand des jeweiligen Behälters, an zwei gegenüberliegenden Seiten schneidet man in kleinen Abständen einen Zentimeter tief ein. In diese Einschnitte spannt man Gummischnüre oder Nylonfäden. Fertig ist das Saiteninstrument.

Buschtrommel

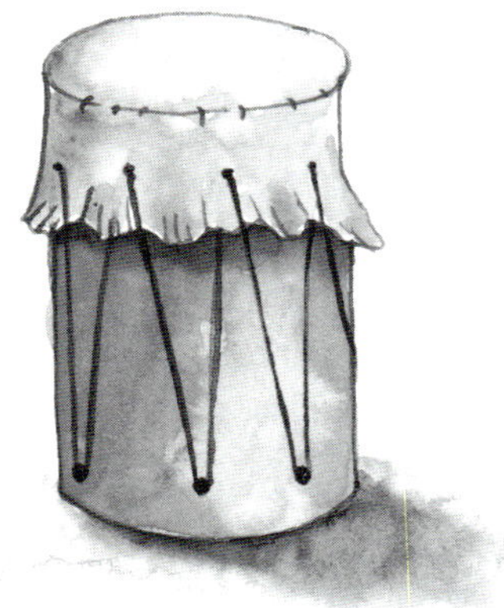

Das braucht man
Leere Papptrommel, buntes Papier, Tapetenkleister, Fensterleder, Stopfnadel, Zwirn, Bast, Reißzwecken, Schere.

So wird's gemacht
Papptrommel mit buntem Papier bekleben. Fensterleder rund zuschneiden in einem Durchmesser, der ca. 5 cm größer als der Umfang der Papptrommel ist. Mit dem Zwirn einmal rund um das Leder in großen Stichen nähen. In den unteren Rand der Trommel Reißzwecken stecken. Leder befeuchten und über die Tonnenöffnung legen. Ein langes Stück Bast im Zickzack zwischen dem Zwirn im Leder und den Reißzwecken auf und ab führen. Leder fest spannen. Je fester man das Leder spannt, um so lauter ist die Trommel.

Maskentanz

Zur Durchführung des Tanzes setzt jedes Kind, das mitmachen möchte, seine Maske auf und hängt sich ein großes Tuch um. Dieses kann z. B. ein Leintuch oder Stoffbahnen aus alten Vorhängen o. Ä. sein. In der Hand schwingen die Tänzer Seidentücher oder Gardinenreste. Die Kinder schreiten zur Musik durch den Raum, verbeugen sich langsam vor dem Publikum und stellen sich mit ihrem erdachten Maskennamen vor. Anschließend tanzen alle Kinder frei oder bewegen sich zu einfachen Kreistanzformen. Diese Aktion ist auch ein wirkungsvoller Auftritt, wenn Eltern zusehen. Jedes Kind kann dann seine Eltern zum Mittanzen auffordern.

Musikvorschlag: Rondo Veneziano, Venezia 2000, LC 4554.

Polonaise

Die Polonaise lockt alle Kinder auf die Tanzfläche und sorgt garantiert für eine ausgelassene Stimmung. Von den verschiedenen Tanzformen stellen wir einige vor. Der Figurenwechsel orientiert sich an der jeweiligen Musikauswahl und wird vom Vortänzer oder Spielleiter angesagt.

Musik

Polonaise, in Kombination mit einem Walzer.

Choreographie

1. *Auftakt:* Der Vortänzer fordert zur Polonaise auf. Die Tänzer bilden eine lange Schlange, wobei sich jeder beim Vordermann mit Hüft- oder Schulterfassung einhängt. Die Schlange bewegt sich so lange durch den Raum, bis alle, die mittanzen möchten, versammelt sind.
2. *Sackgasse:* Die Tänzer bilden Paare. Sie wenden sich einander zu und tanzen in klassischer Tanzhaltung im Seitgalopp bis zum gedachten Ende der Gasse.
3. *Torbogenlauf:* Das Vortänzerpaar und in der Folge die anderen Paare stellen sich mit den Gesichtern zueinander auf und bilden mit den Armen Torbögen. Das erste Paar hüpft im Seitgalopp durch die Torbogengasse hindurch und stellt sich am anderen Ende wieder auf. Es schließt sich das zweite Paar an, so geht es weiter, bis die Vortänzer wieder vorne stehen.
4. *Arm in Arm:* Dann stellen sich alle nebeneinander auf und schunkeln Arm in Arm zum Rhythmus der Musik.
5. *Kette:* Alle Tänzer bilden eine Kette, die sich durch den Raum schlängelt.
6. *Einwickeln:* Der Vortänzer bleibt stehen und alle anderen wickeln sich um ihn herum.
7. *Befreiung:* Die Tänzer öffnen dem Vortänzer und allen anderen den Weg in die Freiheit, indem sie Tore bilden.
8. *Ausklang:* Zur Walzermusik finden sich Paare, die miteinander tanzen.

Spotlight-Tanz

Egal, ob bei einem Dschungelfest, bei einem weißen Fest oder bei einer Wilden-Kerle-Party, es macht den Kindern Spaß im verdunkelten Raum, mit Taschenlampen ausgerüstet, zu tanzen.
Zu Discomusik tanzen die Kinder ausgelassen und strahlen sich gegenseitig an (nur nicht direkt in die Augen leuchten). Besonders wirkungsvoll ist das, wenn die Kinder auf ihrem Kostüm oder im Gesicht Leuchtfarbe tragen.

Schachteltanz

Das braucht man
Einen großen Karton weniger als die Anzahl der mitspielenden Kinder, Disco- oder Kindertanzmusik.

So wird getanzt
Alle weiß gekleideten Vampire, alle wilden Tiere beim Dschungelfest oder alle wilden Kerle tanzen im Dunkeln zu Discomusik. Ein Kind zählt bis zehn, knipst dann das Licht an, alle Kinder kreischen und huschen in die aufgestellten Schachteln. Wer kein Versteck findet, muss ausscheiden, darf aber dann die Aufgabe übernehmen, bis Zehn zu zählen und das Licht auszuschalten.

Knabbertanz

Alle Kinder haben sich Ketten aus Popcorn (alternativ Salzbrezeln) aufgefädelt und umgehängt. Jedes Kind sucht sich einen Tanzpartner. Tanzend versuchen die Kinder sich gegenseitig die Ketten abzuknabbern. Beißen ist verboten, essen ist erwünscht!

Tanz ohne Worte

Die Kinder finden sich paarweise zusammen und vereinbaren ein Handzeichen, anhand dessen sie sich im Dunkeln wiedererkennen können (streicheln, Hand schütteln, sich leicht kneifen, einen leichten Klaps auf den Po geben u. Ä.). Die Paare tanzen zu Discomusik. Beim Stopp der Musik trennen sich die Paare, sie gehen mindestens zehn

Schritte in eine andere Richtung und drehen sich einmal im Kreis. Das Licht wird ausgeschaltet und im Dunkeln versuchen sich die Paare wieder zu finden. Sie erkennen sich an ihren verabredeten Handzeichen. Allerdings kann es dann bei wieder beleuchtetem Raum eine Überraschung geben, wenn mehrere Paare zufällig die gleichen Zeichen verabredet haben.

Farbdia-Tanz

Das braucht man
Dias mit verschiedenen Blumenmotiven, Diaprojektor, Leinwand oder weiße Wand, abgedunkelter Raum, Musik. Für jedes Kind ein halbes weißes Leintuch, Schere.

So wird's gemacht
Leintücher halbieren, jeweils das halbe Tuch einmal zusammenfalten. In der Mitte einen Schlitz einschneiden, so groß, dass ein Kinderkopf durchpasst. Die Kinder hängen sich ihr Tuch um und tanzen vor der weißen Wand oder Leinwand. Der Erwachsene projiziert die Blumendias auf die Kinder. Die weißen Tücher werden bunt, die Kinder werden zu tanzenden Farben oder Blumen und sind begeistert.

Musikvorschläge
Polka: Feuerfest op. 268, Johann Strauß
Kinderpolonaise: Colonel Bogey, Kenneth Alfor

Schlemmerparadies

Eine Faschingsparty macht hungrig und Schlemmen gehört zu jedem Fest. Unser Schlemmerparadies bietet Ihnen süße und saure Leckereien zum Naschen und Sattwerden! Dabei haben wir stets darauf geachtet, dass das leckere Angebot leicht mit den Kindern zubereitet werden kann, lustig aussieht und außerordentlich gut schmeckt!

Obstschiffchen

Zutaten für 8 Kinder

1 Apfel, 1 Kiwi, 1 Zitrone, 8 Zahnstocher, Messer, Apfelschäler, Brettchen, blaue Servietten

Zubereitung

Zitrone auspressen, Obst waschen und schälen, Apfel in 8 Stücke schneiden, das ergibt 8 Schiffskörper; diese in Zitronensaft wenden, Kiwi in 4 Scheiben schneiden und diese halbieren, ergibt 8 Segel für die Schiffe. Die halben Kiwischeiben auf Zahnstocher spießen und diese in die Apfelschnitzen stecken. Die Schiffchen dekorativ auf blauen Servietten anrichten. Als Variante kann man statt Apfelstücken ca. 5 cm lange Bananenstückchen verwenden.

Masken aus Quarkölteig

Zutaten

Quarkölteig aus 250g Mehl, 200g Magerquark, 6 Esslöffeln Milch, 6 Esslöffeln Öl, l Päckchen Backpulver, 1/2 Teelöffel Salz, Mandeln und Rosinen zum Verzieren, Backpapier.

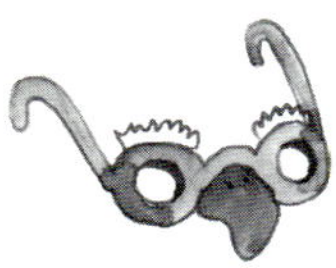

So wird's gemacht

Quark mit Öl, Milch und Salz verrühren. Die Hälfte des mit Backpulver gemischten Mehls unterrühren. Restliches Mehl unterkneten, bis der Teig eine gleichmäßige Beschaffenheit hat.
Auf bemehlter Arbeitsfläche modellieren die Kinder Masken, die dann mit Nüssen, Mandeln, und Rosinen verziert werden. Die geformten Masken auf ein gefettetes Backblech legen und bei 150 Grad backen.

Kokosbälle

Lecker für das Weiße Fest und die Dschungelparty

Zutaten

100 g Mandeln, 100 g Feigen, 100 g Rosinen, 100 g Haferflocken, 2 bis 3 El Honig, Kokosraspeln.

Zubereitung
Im Mixer Feigen und Rosinen zerkleinern. Gemahlene Mandeln, Haferflocken und Honig untermischen und alles verkneten. Aus der Masse kleine Bällchen formen und in Kokosraspeln wälzen. Die Kokosbälle einige Zeit trocknen lassen.

Bärentatzen

Zutaten für ca. 20 Bärentatzen
1 kg Hackfleisch, 2 Brötchen vom Vortag, 2 Zwiebeln, 2 Eier, 2 EL mittelscharfer Senf, Salz, Pfeffer, 100 g Mandelstifte, Fett für das Backblech.

Zubereitung
Brötchen einweichen und ausdrücken, Zwiebeln hacken, Hackfleisch mit Zwiebeln, Eiern, Senf und Gewürzen mischen. Ausgedrückte Brötchen dazugeben und alles gut verkneten. Aus diesem Teig Bärentatzen formen und Mandelstifte als Krallen hineindrücken. Tatzen auf ein mit Fett bestrichenes Backblech legen und für 25 bis 30 Minuten in den vorgeheizten Herd bei 200 Grad geben.

Schlangenbrot

Das Schlangenbrot schlängelt sich über den gesamten Tisch. Stangenbrot (Baguette) wird der Länge nach aufgeschnitten und in Portionsstücke geteilt. Ein Ende wird der Kopf, das andere der Schwanz. Als Augen werden Radieschen mit Zahnstochern am Schlangenkopf befestigt. Aus einer roten Paprikaschote wird eine gespaltene Zunge geschnitten. Die übrigen Portionsstücke werden mit Salatblättern, Tomaten und Käse oder Gürkchen und Wurst belegt.

Gurkenkrokodil

Aus einer Schlangengurke das Maul ausschneiden, Perlzwiebeln als Augen mit einem Zahnstocher befestigen. Die vier Beine entstehen aus einer Essiggurke: diese längs und quer durchschneiden. Die Schnittenden so einschneiden, dass Krallen entstehen. Beine mit Zahnstochern feststecken.

Ananas-Schildkröte

Aus einer Ananas können Sie zwei Schildkröten herstellen. Sie sind nicht nur eine originelle Dekoration für das Büffet, sondern auch ein leckerer Nachtisch.

Zutaten
1 große Ananas, 2 Karotten, Zahnstocher

Zubereitung
Für die Schildkrötenkörper Ananas der Länge nach teilen. Von den Karotten Blattwerk abschneiden. Mit spitzem Messer Mund ausschneiden. Kopf mit Zahnstocher am Schildkrötenkörper befestigen. Für den Schwanz Karottenspitze abschneiden und am hinteren Teil des Schildkrötenkörpers mit Zahnstocher befestigen. Vom Mittelteil der Karotten jeweils vier Scheiben schneiden und Füße ausschneiden. Füße mit Zahnstochern an der Schildkröte fixieren.

Rätseltörtchen

Zutaten für 8 Personen
1 großes Ei, 4 Esslöffel Honig, 65 g Butter, 1/2 Teelöffel Zimt, 75 g Vollkornmehl, Kirschen entsteint aus dem Glas.
Außerdem 16 Papierbackförmchen, Folienstift (permanent).

So wird's gemacht:
Ei und Honig mit dem Schneebesen des Handrührers schaumig schlagen. Weiche Butter in kleinen Stücken dazugeben und verrühren. Zimt und Mehl hinzufügen und alles vermischen. Auf ein Papierbackförmchen Rätsel schreiben, das zum Motto des Festes passt. Zwei Papierbackförmchen ineinander stecken und je einen gehäuften Esslöffel Teig hineingeben. Vier bis fünf Kirschen in den Teig drücken und Törtchen im vorgeheizten Backofen bei 180 Grad ca. 15 Minuten backen.

Quellenverzeichnis

S. 71: Hereinspaziert, Text: Rolf Krenzer, Musik: Ludger Edelkötter,
© Impulse Musikverlag, Natorp 21, 48317 Drensteinfurt.

S. 71: Rums didel dums, Text: Karola Wilke, Musik: Wolfgang Stumme,
© Möseler Verlag, Wolfenbüttel.

S. 73: Krachmachersong, Text: Rolf Krenzer, Melodie: Englisches Kinderlied,
© Rolf Krenzer, Dillenburg.

Alle Jahre wieder

Susanne Brandt-Köhn
Der Frühlingsspielplatz

100 Seiten, illustriert, kartoniert, ISBN 3-7698-1200-X,
CD mit 23 Liedern, ISBN 3-7698-1224-7

Willkommen im Frühling! Auf dem FrühlingsSpielplatz finden Erzieherinnen und Lehrkräfte viele frische Ideen, wie sie die Zeit der Frühlingsfeste gemeinsam mit den Kindern gestalten können: 12 Märchen und neue Geschichten laden zum Zuhören, Musikmachen, Malen, Basteln und Mitspielen ein. Und die Ergebnisse all dieser Aktivitäten können sich buchstäblich sehen lassen: als Tischtheater, Figurenschattenspiel, Tanz oder kleines Rollenspiel.

Susanne Brandt-Köhn
Die Weihnachtsbühne

100 Seiten, illustriert, kartoniert, ISBN 3-7698-1160-7,
CD mit 16 Liedern, ISBN 3-7698-1161-5

Was sollen wir bloß dieses Jahr zu Weihnachten machen? Auf diese alle Jahre wiederkehrende Frage finden pädagogische Fachkräfte mit der Weihnachtsbühne leicht die richtige Antwort. Zur Auswahl stehen neue Märchen und Erzählungen, die in vielfältiger Form auf die Bühne gebracht werden können: als Klang- und Bewegungsspiel, als kleines Rollentheaterstück, als Menschen- oder Figurenschattenspiel oder Fingerpuppentischtheater.

Feste feiern mit Kindern

ISBN 3-7698-1272-7

ISBN 3-7698-1338-3

ISBN 3-7698-1302-2

ISBN 3-7698-1259-X

ISBN 3-7698-1260-3

ISBN 3-7698-1303-0

ISBN 3-7698-1368-5

Jeder Band der Reihe mit:

- Informationen zum Brauchtum, zur Entstehungsgeschichte und zur Bedeutung des Festes
- Hilfen zur Planung und Vorbereitung
- ganzheitliche Ideen und Aktionen aus den Bereichen Spielen und Gestalten, Stille und Meditation, Geschichten und Gedichte, Kochen und Backen, Singen und Bewegen